KB263356

잘 읽고, 잘 쓰고, 잘 말하기 위한 지적 어른의 교과서

AI 시대의 필수
문해력 수업

조기준 지음

Atto Book

말과 글이 경쟁력이 되는 AI 시대

2019년, 어느 연구에서 "AI가 대체하기 어려운 능력은 무엇인가"라는 질문을 던졌다. 많은 답변 중 공통적으로 등장한 것은 '맥락을 읽는 힘', 그리고 '설득력 있게 표현하는 힘'이었다. 눈앞의 일을 대신 처리해 주는 기계는 많아지고 있지만 읽고, 쓰고, 말하고, 이해하는 능력—즉 문해력만큼은 인간의 몫으로 남아 있는 것이다.

문해력은 단순히 글자를 읽고 문법을 아는 능력이 아니다. 상대의 말을 정확히 듣고 핵심을 이해하는 것, 보고서를 논리적으로 정리해 설득하는 것, 채팅방 한 줄에도 태도와 존중을 담아내는 것까지 포함하는 것이 사실이다. 다시 말해, 문해력은 사고력·소통력·관계 맺는 힘을 모두 아우르는 종합 능력인 것이다.

'하지만 지금 우리의 현실은 어떠할까?'

Z세대 신입사원은 자유롭고 간결한 메시지에 익숙하다. 친구들과의 대화에서는 "ㅇㅇ", "ㄱㄱ"이 자연스럽고, 회의 중 모르는 부분이 있으면 "엥?" 한마디로 의문을 표시하곤 한다. 그러나 조직에서는 그 한마디가 너무 가볍게 들릴 수밖에 없다. 상사는 '존중이 부족하다'고 느끼고, 동료는 '프로답지 않다'는 인상을 받게 되는 것이다. 같은 말이라도 맥락에 따라 전혀 다른 무게로 읽히는 오늘날의 현실.

이 책《AI 시대의 필수 문해력 수업》에는 그런 장면들이 구체적인 에피소드로 펼쳐진다. 신입사원 승훈이 "보고서 초안 작성해서 보내드려요! 피드백 부탁드려요!"라고 쓴 메일 한 통은, 상사에게 '친근함'보다 '가벼움'으로 받아들여진다. 거래처 미팅에서 "어… 음… 그게….".로 시작하는 머뭇거림은 준비가 부족하다는 인상으로 이어질 따름이다.

반대로 "정확히 답변드리기 위해 확인 후 다시 말씀드리겠습니다."라는 한 문장은 미숙함 대신 성실함을 드러낸다.

결국 문해력은 곧 신뢰의 언어다. 작은 맞춤법 하나, 보고서에서의 "~인 것 같습니다"라는 표현 하나가 사람의 태도와 책임감을 판단하는 잣대가 되는 것이다. AI가 대신 글을 쓰는 시대라 해도 글의 톤과 뉘앙스를 결정하는 힘은 여전히 인간에게 남아 있다.

이 책은 크게 네 부분으로 구성되어 있다.

'더 잘 읽기'에서는 첫인상과 맞춤법, 줄임말 같은 기초 문해력을 다룬다.

'더 잘 쓰기'에서는 메일과 보고서, 문장의 톤과 구조처럼 직장인이 반드시 갖추어야 할 글쓰기 기술을 설명한다.

'더 잘 말하기'에서는 회의, 피드백, 발표 자리에서의 말하기를 구체적으로 보여준다.

마지막으로 '더 잘 이해하기'에서는 질문법, 거절법, 단톡방 커뮤니케이션 등 실제 직장에서 일어나는 소통의 기술을 풀어낸다.

이 흐름 속에서 여러분은 자연스럽게 깨닫게 될 것이다. 문해력이란 책상 앞에서 국어 문제를 푸는 훈련이 아니라 곧 나의 태도와 커리어를 결정하는 힘이라는 것을 말이다. AI가 글을 요약해 주고, 회의록을 자동으로 정리하며, 심지어는 인간 대신 이메일을 보내는 시대라 해도, 그 모든 문장의 무게를 최종적으로 책임지는 것은 '나' 자신이다.

기술이 발달할수록 오히려 문해력은 더 중요해진다. 기계가 대신할 수 없는 영역, 맥락을 해석하고 사람의 마음을 읽어내며 책임 있게 표현하는 능력이야말로 앞으로의 직장인에게 요구되는 마지막 경쟁력이기 때문이다.

이제, 여러분에게 묻고 싶다.

"당신의 문장은 지금 어떤 얼굴을 하고 있습니까?"
"친근하지만 가벼운 얼굴입니까, 단정하고 신뢰를 주는 얼굴입니까?"

이 책이 전하려는 메시지는 분명하다.

"문해력이 곧 경쟁력이다."

읽고, 쓰고, 말하고, 이해하는 기본기를 다시 세우는 일은
단순한 커뮤니케이션 기술이 아니라, AI 시대를 살아가는
직장인의 생존 전략이다. 이 책이 당신의 말과 글, 그리고
관계를 단단하게 세워주는 작은 나침반이 되기를 바란다.

— 2025년 9월의 어느 날,

조기준

차례

더 잘 쓰기

더
잘 읽기

PART I

첫인상은
문장에서 결정된다

—

"안녕하세요!"만큼 중요한 문장의 톤

말투는 이미지 그 자체다. 특히 직장에서 누군가를 만났을 때 사용하는 첫 문장은 곧바로 첫인상이다. 같은 말을 해도 누군가는 신뢰를 주고, 누군가는 거리감을 만든다. 이는 Z세대라고 해서 예외는 아니다. 보고서의 첫 줄, 메일의 첫 문장이 직장인의 전문성을 설명한다. 그러니 문장의 뉘앙스를 다듬는 순간, 관계도 업무도 부드러워진다. 말은 아무도 모르게 흘러가지만, 문장은 기록으로 남는다. 그 문장이 당신의 커리어를 결정한다는 사실에는 변함이 없다.

승훈은 이제 막 입사한 20대 Z세대 신입사원이다. 오랜 취업 준비 끝에 들어온 회사에서, 첫 출근을 앞두고 설렘 반 긴장 반의 마음이다. 회사에 도착한 그는 밝고 자신감 있는 목소리로 인사했다.

"안녕하십니까! 잘 부탁드립니다!"

하지만 눈앞의 허상호 부장은 살짝 미간을 찌푸린 채 승훈을 바라보았다. '왜 저렇게 힘이 넘칠까?' 하는 표정이었다. 허 부장은 40대 X세대 부장으로, 지금껏 수많은 신입사원을 만나봤지만, 요즘 세대의 말투와 분위기가 여전히 어색하게 느껴졌다. 승훈은 나름 정중하고 활기차게 인사했다고 생각했지만, 허 부장의 반응이 뭔가 심상치 않았다.

승훈은 회사 생활이 본격적으로 시작되면서 종종 허 부장의 반응이 어색하다는 느낌을 받았다. 보고서를 이메일로 보낼 때도, 그는 평소 친구들에게 메시지를 보내듯이 썼다.

"부장님, 보고서 초안 작성해서 보내드려요! 피드백 부탁드려요! ☺"

하지만 허 부장의 답장은 짧고 단호했다.

"네."

승훈은 순간 당황했다. '뭔가 잘못한 걸까?' 고민하다가도, 별다른 말이 없는 걸 보니 괜찮은 것 같기도 했다. 하지만 점점 보고할 때마다 느껴지는 벽이 두터워지는 듯했다. 허 부장 역시 마음이 편치 않았다. 신입사원의 적극적인 태도는 좋았지만, 말투에서 오는 가벼움이 신경 쓰였다. '회사에서는 회사답게 말해야지'라는 생각이 강했던 그는 승훈의 대화 방식이 다소 부적절하게 느껴졌다.

어느 날, 승훈은 허 부장에게 업무 관련 문의를 해야 했다. 이번에도 평소처럼 메시지를 보냈다.

"부장님! 혹시 시간 괜찮으시면 이 부분 지금 설명 되실까요?"

하지만 허 부장은 바로 답장을 하지 않았다. 대신 오후 회의가 끝나고 승훈을 불렀다.

"혹시 우리가 '부장님'이라는 호칭 뒤에 '!'를 붙일 정도로 허물 없는 사이인가?"

승훈은 순간 얼굴이 화끈거렸다. '아차, 너무 캐주얼하게 말했구나.' 허 부장은 단순한 직장 내 규율을 강조하는 것이 아니라, 말 한마디가 조직 내 분위기에 미치는 영향을 설명해주었다.

"회사에서 쓰는 말은 단순히 형식적인 게 아니라, 서로 존중하는 방식이라네. 말투가 조금만 달라도 상대가 어떻게 받아들이느냐가 달라지거든."

그제야 승훈은 자신의 말투가 너무 가볍게 들릴 수 있다는 걸 깨달았다. Z세대는 자유로운 소통을 중시하지만, X세대는 존중과 격식을 중요하게 여겼다. 같은 내용이라도 말투와 어조가 다르면 의미도 달라질 수 있다는 사실을 몸소 배우게 된 순간이었다.

그는 그날 이후로 메시지를 보낼 때나 말을 할 때 좀 더 신중해졌다. 이메일을 작성할 때도 내용을 다시 검토하며 문장을 다듬었다.

"부장님, 업무 관련하여 문의드리고 싶은 사항이 있습니다. 가능하실 때 답변 부탁드립니다."

이렇게 문장을 다듬자, 허 부장의 반응도 달라졌다.

"네, 확인 후 답변 드리겠습니다."

승훈은 신기했다. 같은 내용인데도 말투가 정중해지니

상대의 반응도 훨씬 부드러워졌다. 이후 그는 문장의 뉘앙스를 조정하면서, 적절한 어조를 찾는 연습을 했다. 이메일이나 메신저에서도 '간결하지만 정중하게'라는 원칙을 세우고, 상황에 맞게 톤을 조절하는 습관을 들였다.

어느 날, 승훈은 허 부장에게 중요한 보고서를 제출해야 했다. 이전까지는 문장도 다소 가볍고 구어체가 섞여 있었지만, 이번에는 문장을 다듬으며 더욱 신중하게 작성했다.

"부장님, 첨부된 보고서는 지난주 진행한 프로젝트의 결과를 정리한 것입니다. 추가 검토가 필요하시면 말씀 부탁드립니다."

이전과 달리 보다 공식적인 톤과 명확한 전달이 가능해졌고, 허 부장도 이를 긍정적으로 평가했다.

몇 달이 지나고, 승훈은 이제 회사에서 소통하는 법을 익혔다. 처음에는 어렵게 느껴졌던 형식적인 표현도 점점 자연스러워졌다. 허 부장 역시 승훈의 노력을 인정하며, 세대 차이를 좁히려는 모습을 보였다.

어느 날 허 부장이 승훈에게 말했다.

"처음 왔을 때보다 훨씬 안정적이고 신뢰감 있는 말
투가 됐네."

승훈은 그 말을 듣고 뿌듯함을 느꼈다. 단순한 인사 한마
디, 메시지 한 줄도 상대가 받아들이는 방식에 따라 다르게
전달된다는 사실을 깨닫게 된 것이다. '안녕하세요'라는 짧
은 말도 톤과 뉘앙스에 따라 누군가에게는 친근함이, 누군
가에게는 가벼움이 될 수 있다는 것을 배운 그는, 이제 상황
에 맞는 말하기의 중요성을 온몸으로 익히게 되었다.

말 한마디가 첫인상을 결정짓는다. 그리고 그 첫인상이
곧 관계를 만들어간다. 승훈은 세대 차이를 넘어 조화로운
소통을 하는 법을 터득하며, 인정받는 신입사원으로 성장해
가고 있었다.

밑줄 친 부분을 어떻게 바꾸면 좋을까요. 괄호 안에 고쳐 쓰시오.

1. 네가 지금 하는 행동이 아무리 생각해도 <u>으아해</u>. (　　　　　)

2. 자기는 도대체 나의 어디가 그렇게 <u>실증</u>이 난 거야? (　　　　　)

3. 영수야, 거기 있는 <u>무우</u> 딱 맞춰 <u>쓸었니</u>? (　　　　　)

4. 이거? 너 주는 것이긴 한데, 오다가 <u>주섰지</u> 뭐. (　　　　　)

5. 미경 씨, 그 정도로 마무리하면 충분히 <u>문안해요</u>. (　　　　　)

6. 무슨 생각으로 그런 말을 하는 거야?
   <u>어의가</u> 없네, 진짜. (　　　　　)

7. 벌써 근무 시간인데 일 <u>않 할</u> 거야? (　　　　　)

8. 양반다리 하고 있으니 다리가 <u>절여서</u> 혼났네. (　　　　　)

9. <u>섣불으게</u> 판단하지 말고 정신 똑바로
   차리란 말이야. (　　　　　)

10. 회사에 이런 식으로 피해를 주다니.
    내가 <u>속속드리</u> 여기저기 알아봤어. (　　　　　)

11. 우리 사이에 <u>격</u>이 없이 대하는 게 뭐 어때서.　　　　（　　　　　　）

12. 어젯밤에 <u>만났드라면</u> 서로 오해도
　　 하지 않았을 텐데 너무 아쉬워.　　　　　　　（　　　　　　）

13. 네가 이런 식으로 자꾸 한다면 지금부터 정말 <u>삐뚫어질</u> 거야.
　　　　　　　　　　　　　　　　　　　　　　　（　　　　　　）

14. 난 진짜 아무 잘못 없는데 너 <u>때매</u> 선생님한테 혼났으니 책임져.
　　　　　　　　　　　　　　　　　　　　　　　（　　　　　　）

15. 주말마다 새벽에 등산하느라
　　 산에 <u>올르고</u>부터 기분이 상쾌해졌어.　　　（　　　　　　）

1. 의아해 2. 싫증 3. 무 / 썰었니 4. 주웠지 5. 무난해요 6. 어이가 없네 7. 안
할 8. 저려서 9. 섣부르게 10. 속속들이 11. 격의 12. 만났더라면 13. 삐뚤어
질 14. 땜에 15. <u>오르고</u>

맞춤법 실수 하나가
신뢰도를 깎아먹는다

—

"되"와 "돼", "않"과 "안"부터 점검하기

회사에서는 작은 실수 하나가 신뢰를 크게 흔들 수 있음을 잊지 말아야 한다. 보고서 작성 시 맞춤법, 메신저에서의 철자법 하나가 본인의 업무력으로 평가받는다. '일을 잘한다'는 인상은 디테일에서 시작된다. 정확한 어휘력, 문장력은 전문성과 태도의 증거 그 자체다. 맞춤법은 국어 공부가 아니라, 커리어 관리의 기본임을 명심해야 한다. 당신의 문장이 곧 당신의 평판이 되기 때문이다.

　　승훈은 학창 시절에는 나름 글을 잘 쓴다고 자부했지만, 직장에서는 생각보다 맞춤법 실수가 잦았다. 특히, "되"와 "돼", "않"과 "안" 같은 기본적인 맞춤법조차 헷갈려서 실수를 연발했다. 처음에는 대수롭지 않게 생각했지만, 허 부장과 선배들의 반응을 보며 문제가 심각하다는 걸 깨닫기 시작했다.

　　허 부장에게 보고서를 제출할 때마다 몇 가지 맞춤법 오류를 지적받았다. "이렇게 해도 되나요?"를 "이렇게 해도 돼나요?"로 작성하거나, "확인하지 않았습니다."를 "확인하지 안았습니다."로 작성하는 식이었다. 처음에는 단순한 오타겠거니 했지만, 비슷한 실수가 반복되자 허 부장의 표정이 굳어졌다. 선배들도 슬며시 피드백을 주기 시작했다.

　　"맞춤법 검사기 한 번 돌려보는 게 좋을 것 같아요."

　　승훈은 순간 얼굴이 화끈거렸다. 맞춤법 하나가 신뢰도

에 영향을 줄 줄은 몰랐던 것이다.

문제의 원인을 분석해 보니, 익숙한 표현이지만 제대로 외우지 못했거나, 일상 대화에서 "돼"와 "되"를 구분하지 않고 습관처럼 사용한 탓에 헷갈렸다는 것을 깨달았다. 스마트폰과 컴퓨터의 자동 교정 기능에 너무 의존한 것도 문제였다. 결국 맞춤법 실수를 줄이기 위해 몇 가지 노력을 기울이기로 했다.

우선, 보고서를 작성할 때마다 맞춤법 검사기를 돌리기로 했다. 이를 통해 자주 틀리는 부분을 파악할 수 있었다. 또한 "되"와 "돼"를 구분하는 간단한 방법을 익혔다. "돼"는 "되어"의 준말이므로 "돼요"를 "되어요"로 바꿨을 때 말이 되면 "돼"를 사용하고, 그렇지 않으면 "되"를 사용하면 된다는 점을 배웠다. 마찬가지로 "않"과 "안"의 차이도 학습했다. "않"은 동사의 부정형으로 "~하지 않다"의 의미를 가지며, "안"은 단순한 부정 표현으로 "아니"로 바꿨을 때 자연스럽다면 "안"을 쓰면 된다는 점을 익혔다.

맞춤법 공부를 하면서 승훈은 의외로 자신의 문장력이 부족하다는 것도 깨닫게 되었다. 단순히 틀린 글자를 고치는 것뿐만 아니라, 문장의 흐름이 어색한 곳이 많았다. 보고서를 다시 읽어보면 주어와 서술어가 맞지 않거나 문장이 너무 길어 이해하기 어려운 경우도 있었다. 그는 문장을 더 간결하고 명확하게 쓰는 연습도 함께하기로 했다.

몇 주간 꾸준히 맞춤법을 점검하며 노력한 결과, 변화가 나타나기 시작했다. 어느 날, 보고서를 제출했을 때 허 부장이 말했다.

"맞춤법이 확실히 좋아졌네. 잘했어."

그 한마디가 승훈에게는 큰 의미가 있었다. 작은 실수 하나가 신뢰도를 떨어뜨릴 수도 있지만, 반대로 꾸준한 노력으로 신뢰를 쌓을 수도 있다는 걸 깨달았다. 맞춤법은 사소해 보일 수 있지만, 직장에서의 첫인상을 결정짓는 중요한 요소다. 맞춤법을 정확히 사용하면 문서의 신뢰도가 올라가고, 소통이 원활해지며, 꼼꼼하고 신중한 인상을 줄 수 있다.

하지만 여전히 보고서가 허 부장의 책상 위에 올라가면 긴장되곤 했다. 허 부장은 평소 꼼꼼한 성격으로 유명했다. 문서의 한 줄 한 줄을 살펴보고, 작은 오류도 그냥 지나치지 않았다. 어느 날 승훈은 허 부장에게 중요한 프로젝트 보고서를 제출했다. 내용은 완벽하다고 생각했지만, 허 부장은 서명을 하기 전에 조용히 말했다.

"여기, '될 것 같습니다'라고 썼는데, '될 듯합니다'가 더 정확한 표현이겠지?"

승훈은 깜짝 놀랐다. 맞춤법과 문장의 정확성을 신경 썼다고 생각했지만, 표현 하나에도 의미가 달라질 수 있음을 깨달았다. 허 부장은 보고서를 덮으며 말했다.

"작은 실수라도 반복되면 신뢰가 흔들릴 수 있어요. 보고서는 단순한 글이 아니라 자네가 얼마나 신중한 사람인지 보여주는 거야."

그 말이 승훈의 마음에 깊이 박혔다. 맞춤법은 단순한 실수가 아니라, 직장 내에서 자신의 이미지를 형성하는 중요한 요소였다. 그날 이후 그는 맞춤법뿐만 아니라 문장의 표현 방식까지 더욱 세심하게 살펴보기 시작했다. 단순히 틀리지 않는 글을 쓰는 것이 아니라, 상대가 읽기 쉬운 문장을 고민하게 되었다.

승훈은 퇴근 후에도 문장 다듬기 연습을 시작했다. 비즈니스 서적을 읽으며 문장의 흐름을 분석했고, 글을 쓸 때마다 핵심 내용을 먼저 정리한 뒤 문장을 구성하는 습관을 들였다. 그리고 자신의 보고서를 제출하기 전에 한 번 더 읽어보며 흐름을 점검하는 시간을 가졌다. 그런 작은 노력들이 모여 점점 더 자연스럽고 신뢰감 있는 문서를 작성할 수 있게 되었다.

시간이 지나면서 그의 보고서는 점점 더 깔끔해졌고, 허 부장도 별다른 지적 없이 서명하는 날이 늘어났다. 어느 날, 허 부장은 승훈에게 보고서를 건네며 말했다.

"이번 보고서, 아주 좋았어요. 자네가 많이 성장했다
는 게 느껴진다."

그 말을 들은 그는 마음속으로 미소를 지었다. 작은 노력
들이 쌓여 결국 인정받게 되는 순간이었다. 맞춤법과 문장
의 정확성을 신경 쓰는 것이 단순한 글쓰기의 문제가 아니
라, 신뢰와 성장의 과정이라는 걸 깨달은 순간이었다.

그날 이후, 승훈은 맞춤법 실수 하나가 단순한 오타가 아
니라는 것을 더욱 절실히 깨달았다. 글을 다듬는 과정이 곧
자신의 사고력을 키우는 과정이며, 좋은 문장을 쓰는 것이
결국 더 나은 커뮤니케이션을 가능하게 한다는 점을 확신하
게 되었다. 이제 그는 신입사원이 아닌, 스스로를 발전시키
는 직장인으로 한 걸음 나아가고 있었다.

문해력/어휘력/이해력 점검 2단계

1. 바램 / 바람

- '바램'은 볕이나 습기를 받아 색이 변했다는 의미. '바래다'에서
  파생.
- '바람'은 마음속으로 기대한다는 의미. '바라다'에서 파생.

OX 퀴즈

- 이것은 우리의 바램이었어. (   )
- 결국은 그 두 사람이 함께할 것이라는 바람이 이루어질 거예요. 그
  래야 진정한 사랑이니까요. (   )
- 열심히 공부한 만큼 합격하기를 바라요. (   )

2. 너비 / 넓이

- '너비'는 잴 수 있는 단순한 길이인 가로를 뜻함.
- '넓이'는 공간의 크기인 면적을 뜻함.

OX 퀴즈

- 제 방은 넓이가 충분하기 때문에 가구를 넣을 수 있습니다.
  (   )

- 오늘 배송될 소파는 <u>너비</u>가 충분하니 거실에 잘 어울릴 거예요.
  (   )

- 어깨 <u>넓이</u>가 정말 넓군요. (   )

3. 냄새 / 내음 / 향기

- '냄새'는 좋은 의미든 나쁜 의미든 상관없이 사용 가능.
- '내음'은 냄새 중에서 긍정적인 의미.
- '향기'는 꽃이나 향수 등에서 나는 좋은 냄새.

OX 퀴즈

- 점심으로 청국장을 드신 대리님에게서 지독한 <u>향기</u>가 퍼졌다.
  (   )

- 과음한 날, 너무 피곤해서 발을 씻지 않고 잤더니 다음날 <u>내음</u>이 방안에 가득했다. (   )

- 화장실에서 나는 <u>냄새</u>가 생각보다 나쁘지 않았다. (   )

4. 갑절 / 곱절

- '갑절'은 두 배를 의미.

- '곱절'은 두 배를 넘어 몇 배를 의미.

OX 퀴즈

• 10년 전 갈비탕보다 지금 갈비탕이 곱절로 비싸진 건 아시죠?
  (   )

• 여기보다 저기가 백 갑절은 더 정신없어 보이네요. (   )

• 갑절만 올랐다면 그나마 다행이었을 텐데. (   )

5. 사단 / 사달

- '사단'은 사건의 단서, 개인의 판단을 의미.

- '사달'은 사고나 탈을 의미.

OX 퀴즈

• 비속어를 쓴다고 해서 사단이 나지는 않겠지요? (   )

• 괜히 쓸데없는 소리를 해서 이 사달을 만들고 그러냐. (   )

• 이 사단을 정리하기 위해 네가 좀 나서야겠다. (   )

1. ×, ○, ○   2. ×, ○, ×   3. ×, ×, ○   4. ○, ×, ○   5. ×, ○, ○

3

줄임말과 신조어,
편하지만 위험한 이유

—

"ㅇㅇ"와 "ㄱㄱ"는 직장에서 금기어

말은 짧아져도, 책임은 짧아지지 않는다. 편하자고 쓰는 줄임말과 신조어가 당신의 품격을 낮출 수밖에 없다. 직장에서는 '가벼움'보다 '신뢰감'이 오래 가기 때문이다. 문장의 품격이 곧 업무 태도와 연결된다는 사실을 잊지 말아야 한다. 사소한 대화도 전략적으로 선택할 것. 당신의 한마디는 당신의 브랜드다.

승훈은 입사한 지 한 달이 지났지만, 여전히 긴장과 설렘이 교차하는 나날을 보내고 있었다. 다행히 주변 동료들은 친절했고, 특히 고광민 대리는 항상 승훈을 따뜻하게 이끌어주었다.

"처음이 제일 어려운 거야. 모르는 거 있으면 바로바로 물어봐요."

고 대리의 이 한마디에, 승훈은 조금씩 마음의 문을 열 수 있었다. 어느 날, 그는 고 대리와 함께 작은 프로젝트를 맡게 되었다. 회사 생활 첫 번째 '실질 업무'였다. 두 사람은 메신저를 통해 업무 내용을 주고받았다. 업무 대화가 딱딱하고 어렵게만 느껴졌던 승훈은 자연스럽게 친구들과 대화하듯 편한 톤을 섞어버렸다.

승훈: 'ㅇㅇ 대리님~ 자료 정리해서 금방 ㄱㄱ할게요~ ☺'

고 대리는 메신저 알림이 울리자 습관처럼 폰을 들여다봤다. 하지만 승훈의 메시지를 본 순간, 손가락이 멈췄다.

'ㅇㅇ…? ㄱㄱ…? 이게 뭐야…!'

잠시 난감한 표정을 짓던 고 대리는 조심스레 답장을 보냈다.

고 대리: '네, 준비되면 알려주세요.'

겉으로는 아무렇지 않게 넘어갔지만, 마음 한 켠에서는 고민이 깊어졌다.

'아직 신입이니까… 처음부터 지적하면 위축될 수도 있지.'

그렇게 애써 넘겼지만, 비슷한 상황은 반복되었다. 며칠 뒤, 승훈은 작성한 초안 보고서를 메일로 보냈다. 제목은 비교적 무난했다.

'[초안 공유] 프로젝트 자료입니다.'

하지만 메일 본문을 읽은 순간, 고 대리는 다시 깊은 한숨을 내쉬었다.

'대리님~ 초안 작성 완료요! 피드백 ㄱㄱ 부탁드려요!! ㅎㅎ'

이 외에도 이모티콘과 줄임말이 뒤섞인 문장들. '프로젝트 보고서'라는 무게감과는 한참 거리가 있었다. 이번에는 그냥 넘어갈 수 없었다. 고 대리는 바로 옆자리의 조유민 과장에게 이 메일을 조심스럽게 보여줬다.

"과장님, 혹시⋯ 제가 괜한 걸로 예민한 걸까요?"

조 과장은 메일을 읽고 고개를 끄덕였다.

"아냐, 예민한 거 아니야. 이건 분명히 짚어줘야 해. 회사에서는 메일 한 통, 메시지 한 줄도 다 신뢰를 만들어가는 거니까."

조 과장은 결정을 내렸다. 신입이기 때문에 더 정확하게 알려줘야 한다고. 다음날 오전, 그녀는 승훈을 조용히 회의실로 불렀다. 승훈은 순간 긴장했다. '혹시 실수한 게 있었나?' 하는 생각에 심장이 콩닥거렸다. 회의실 문을 닫고, 조 과장이 조심스럽게 입을 열었다.

"우리 승훈 씨, 혹시 메신저랑 메일 보낼 때, 이모티콘과 줄임말 쓰는 거 습관처럼 되어 있죠?"

승훈은 당황하며 대답했다.

"아, 네… 평소 친구들이랑 대화할 때처럼 그냥… 친근하게 하려고요."

조 과장은 미소를 지으면서도 단호하게 말했다.

"친근한 건 좋은데, 회사는 친근함보다 '신뢰'를 먼저 보여줘야 하는 곳이에요. 특히 줄임말이나 신조어는 상대방을 당황시키거나 가볍게 보이게 만들 수 있어요."

승훈은 순간 머리가 띵했다. 그동안 자연스럽다고 생각했던 소통 방식이, 누군가에게는 '가벼움'으로 보였을 줄은 몰랐다. 조 과장은 예시를 하나 들었다.

"예를 들어, 'ㄱㄱ'라는 표현은 우리 세대에겐 익숙하지 않아요. 물론 비즈니스에서도 어울리지 않는 표현이고요. '진행하겠습니다'라고 써야 더 프로페셔널하게 들립니다. 그리고 'ㅇㅇ' 같은 답변도 '네, 확인 했습니다'로 바꾸는 게 기본 매너입니다."

승훈은 고개를 끄덕이며 메모했다.

줄임말 금지
명확하고 정중한 표현 사용
메일, 메신저 모두 공식적인 톤 유지

그때, 우연히 허 부장이 회의실 앞을 지나가다가 문을 열었다.

"여기 무슨 이야기 중이에요?"

조 과장이 웃으며 답했다.

"신입 교육 중입니다. 메신저 예절이요."

허 부장은 승훈을 바라보며 말했다.

"나도 예전에 승훈 씨가 보낸 'ㅇㅇ' 보고 깜짝 놀랐어
요. '이거 무슨 암호인가?' 하고 한참 고민했지 말이에
요. 하하."

농담처럼 말했지만, 승훈은 그 말속에 담긴 무게를 느꼈
다. 신입사원의 사소한 한 줄이, 생각보다 큰 영향을 줄 수
있다는 걸 깨달았다. 그날 이후, 그는 달라졌다. 모든 메신
저와 메일을 보낼 때 무조건 한 번 더 읽어봤다.

'ㅇㅇ' → '네'
'ㄱㄱ' → '진행하겠습니다'
'ㅎㅎ'나 '요' → 삭제 또는 공식 문장으로 수정

심지어 메신저에서도 '대리님, 자료 준비 완료했습니다.
검토 부탁드립니다.'처럼 정중하게 적기 시작했다. 처음에

는 딱딱하고 서먹했지만, 시간이 지날수록 주변 반응이 달라졌다. 특히 고 대리가 어느 날 조용히 말했다.

"승훈 씨, 요즘 메일 톤이 딱 좋아요. 신뢰감 있어 보여요."

승훈은 그 말을 듣고 가슴 깊숙이 뿌듯함을 느꼈다. 편한 말이 항상 좋은 건 아니다. 조금 불편해 보여도, 정확하고 신중한 표현이 직장에서는 진짜 경쟁력이 된다. 그는 그날 저녁 혼자 다짐했다.

'나는 말투 하나로도 내 가치를 높일 수 있다.'

단순한 줄임말 하나가 아니라, 나를 보여주는 모든 문장이 곧 나 자신이라는 걸.

문해력/어휘력/이해력 점검 3단계

잘못된 외래어 표기를 맞게 고치시오.

1. 편의점에 들러 내가 좋아하는 <u>스프</u> 하나 사와.　　　(　　　　)

2. 핸드폰 그만 보고 지금 <u>테레비젼</u>에 뉴스 좀 봐.　　　(　　　　)

3. 미세 <u>프라스틱</u> 때문에 요즘 바다가 난리라니까.　　　(　　　　)

4. 연예인도 아니면서 회사 와서
   　무슨 <u>선글래스</u>를 쓰고 있니.　　　　　　　　　　(　　　　)

5. 라디오를 들어야 하는데 <u>밧데리</u>가 다 되었나 보다.　(　　　　)

6. 요즘 아이돌 <u>힛트</u>곡은 잘 모르겠더라.　　　　　　(　　　　)

7. 이것이야말로 진정한 <u>컬쳐</u> 쇼크가 아니겠니.　　　(　　　　)

8. 커피 한 잔과 <u>쥬스</u> 한 잔 주세요.　　　　　　　　(　　　　)

9. 등산 <u>멤바</u>가 몇 명이더라.　　　　　　　　　　　(　　　　)

10. 이번 주 금요일까지는 <u>레포트</u> 제출하셔야 합니다.　(　　　　)

11. 댄스 <u>스투디오</u>를 방문한 만큼 실력 좀 보여주세요.　(　　　　)

12. 오늘도 <u>유투브</u>는 빼놓지 않고 보는군.　　　　　(　　　　)

13. 서랍 속 <u>내프킨</u> 좀 부탁해요.　　　　　(　　　　)

14. 날이 추울 때는 스킨과 <u>로숀</u>을 잘 발라야 합니다.　(　　　　)

15. <u>리더쉽</u> 수업에 참여하려 했는데 벌써 마감이라니.　(　　　　)

1. 수프　2. 텔레비전　3. 플라스틱　4. 선글라스　5. 배터리　6. 히트　7. 컬처　8. 주스　9. 멤버　10. 리포트　11. 스튜디오　12. 유튜브　13. 냅킨　14. 로션　15. 리더십

4

"어?" "엥?" 대신
"다시 말씀해 주시겠어요?"

—

듣는 태도가 곧 문해력이다

대화의 수준은 듣는 태도에서 명백히 드러난다. '잘 듣는다'는 것, 즉 경청은 단순히 조용히 있는 것이 아니다. 상대의 말을 정확히 이해하고, 세련되게 되묻는 능력이 아닐까. 문해력은 이제 읽기 능력을 넘어, 소통의 핵심 역량이다. 듣는 방식이 곧 일하는 방식이라는 사실에도 변함이 없다. 대화의 품질을 바꾸면, 관계의 질이 달라진다는 사실은 직장에서뿐만 아니라 일상생활에서도 그대로 적용된다는 사실을 잊지 말아야 할 것.

승훈은 점점 회사 생활에 익숙해지고 있었다. 이메일 톤도 잡았고, 줄임말 없이 메신저를 보내는 연습도 어느 정도 몸에 밴 상태였다. 하지만 진짜 고비는, 예상치 못한 순간에 찾아왔다. 그날 오전, 조 과장이 다가왔다.

"오늘 오후 3시에 M사 김혜리 주임님이 오세요. 프로젝트 관련해서 1차 미팅인데, 승훈 씨도 같이 들어가요. 실무자끼리 소통할 일이 많을 거거든."

승훈은 얼떨결에 대답했다.

"네! 알겠습니다!"

입은 움직였지만, 속은 급격히 복잡해졌다. '거래처 미팅? 아직 외부 사람이랑 제대로 얘기해본 적 없는데. 말실수하면 어쩌지? 너무 긴장되는데….'

오후 2시 50분. 승훈은 손에 땀이 나는 걸 느끼며 회의실 앞을 서성였다. 고 대리가 지나가며 다정하게 말했다.

"긴장되죠? 괜찮아요. 그냥 듣는다는 생각으로 가요. 모르는 건 바로 대답 안 해도 돼요."

승훈은 겨우 고개를 끄덕였다.

'듣는다는 생각…. 듣는다는 생각….'

주문처럼 되뇌며 회의실 문을 열었다. 3시 정각, 회의실 문이 다시 열리고, 거래처 M사의 김 주임이 들어섰다. 30대 중반쯤, 단정한 차림새와 차분한 걸음걸이. 첫인상부터 '프로페셔널'이라는 단어가 떠올랐다. 표정은 부드러웠지만, 눈빛에는 정확함을 요구하는 냉정함도 살짝 비쳤다. 승훈은 얼른 자리에서 일어나 고개를 숙였다.

"안녕하세요. 이승훈 사원입니다. 잘 부탁드립니다."

김 주임도 웃으며 가볍게 고개를 숙였다.

"네, 잘 부탁드립니다."

회의가 시작됐다. 조 과장이 전체적인 프로젝트 개요를
차분히 설명했고, 김 주임은 고개를 끄덕이며 메모했다. 적
당히 웃으며 리액션을 주기도 했지만, 중요한 부분에선 바
로 질문을 던졌다.

"그러면 2차 설문조사 계획은 언제쯤 확정되나요?"

모두의 시선이 승훈을 향했다. 그는 순간 머릿속이 하얘
졌다.

'확정은… 언제였더라…? 아, 맞다. 다음 주… 그런데

정확히 무슨 요일까지였지…?'

승훈은 당황했다. 조심스럽게 조 과장을 바라봤다. 조 과장은 고개를 살짝 끄덕였다. '답해도 된다'는 뜻이었다. 승훈은 심호흡을 한 뒤 입을 열었다.

"어… 음… 그러니까요… 그게… 아마 다음 주쯤… 아, 아닌가…."

회의실에 어색한 정적이 흘렀다. 김 주임은 메모를 멈추고 가만히 승훈을 바라봤다. 표정은 부드러웠지만, 그의 시선에는 '정확한 답을 기다린다'는 묵직한 기대감이 있었다. 허 부장과 고 대리도 조용히 승훈을 지켜봤다. 승훈은 갑자기 숨이 막히는 듯한 답답함을 느꼈다. 결국 급하게 말을 이어갔다.

"어… 다시 정리하면요, 다음 주 수요일 안으로 2차

설문조사 계획을 확정할 예정입니다."

회의가 끝났다. 김 주임은 별다른 내색 없이 웃으며 악수를 나누고 돌아갔다. 그러나 사무실로 돌아온 승훈은 고개를 숙인 채 책상 앞에 앉았다. 손끝이 살짝 떨렸다. 얼마 뒤, 조 과장이 다가왔다.

"잠깐 회의실로 올래요?"

조용한 회의실. 조 과장, 고 대리, 그리고 허 부장이 앉아 있었다. 승훈은 긴장하며 자리에 앉았다. 조 과장이 조심스럽게 입을 열었다.

"승훈 씨, 오늘 미팅에서 긴장한 거 이해해요. 외부 미팅이 처음이면 누구나 그래요."

승훈은 고개를 끄덕였지만, 얼굴은 여전히 굳어 있었다.

허 부장이 손을 모으고 말했다.

"근데, 중요한 건 그 순간 어떻게 대응하느냐지요. '어?' '엥?' '음.' 이런 반응은 상대방에게 '준비 안 된 사람'이라는 인상을 줄 수 있답니다."

고 대리도 덧붙였다.

"특히 외부 사람은 내부 사정을 몰라요. 한순간의 머뭇거림, 애매한 말 한마디도 '이 회사 전체가 미숙한 건가?'라고 오해할 수 있어요."

허 부장은 손가락을 톡톡 두드리며 말했다.

"그럴 땐 이렇게 말하는 겁니다. '제가 확인해보고 다시 말씀드리겠습니다.' '정확히 답변드리기 위해 한 번 더 확인하겠습니다.' '말씀하신 부분을 조금 더 구

체적으로 이해하고 싶습니다.' 이런 식으로 자연스럽
게 시간도 벌고, 신뢰도 얻는 거지요."

조 과장이 웃으며 말했다.

"우리가 완벽하길 기대하는 게 아니라, '성실하게 듣
고, 이해하려고 하는 태도'를 기대하는 거예요."

승훈은 그날, 회의실을 나오면서 스스로 다짐했다.

'모를 때는 모른다고 정중하게 묻자. 머뭇거리기보
다, 듣고 정리하자.'

며칠 후, 다시 김 주임과의 2차 미팅이 열렸다. 이번에는
다르다. 승훈은 예상 질문 리스트를 만들고, 답변할 수 있는
내용과 확인해야 할 내용을 구분해서 정리했다. 긴장될 때
쓸 수 있는 멘트까지 노트에 적어뒀다. 회의 도중, 김 주임

이 예상치 못한 질문을 던졌다.

"이번 데이터에 소비자 반응 세부 분석은 추가 안 되는 건가요?"

승훈은 놀라긴 했지만, 침착하게 웃으며 말했다.

"좋은 질문 주셔서 감사합니다. 이 부분은 현재 내부 검토 중인데요, 확정된 사항은 다시 정리해서 공유드려도 괜찮을까요?"

김 주임은 고개를 끄덕이며 메모를 했다.

"네, 그렇게 해주세요."

회의가 훨씬 부드럽게 이어졌다. 허 부장과 고 대리는 눈에 띄게 만족한 표정을 지었다. 조 과장도 고개를 살짝 끄덕였다. 회의가 끝나고, 허 부장이 승훈을 불렀다.

"오늘, 정말 많이 좋았어요. 특히 '모른다'고 말하는 용기가 아주 좋았답니다. 프로는 완벽한 게 아니라, '확실한 걸 확실하게' 말하는 사람이니까요."

승훈은 뿌듯함과 동시에 약간 울컥하는 감정을 느꼈다. 듣는 태도, 모르는 걸 바로 인정하는 용기, 상대를 존중하는 말하기. 그는 그 모든 것을 이번 경험을 통해 몸으로 배우고 있었다.

1. 경신 / 갱신

- '경신'은 이전의 최고 또는 최저의 기록을 깨뜨림.
- '갱신'은 만료가 된 계약 기간을 연장함.

OX 퀴즈

- 이번 달에 연봉 계약을 경신한다는 소문이 돌고 있어. (   )
- 한국의 최고 피겨 선수가 자신의 기록을 갱신했다. (   )
- 자기 경신의 시간을 가져야 발전할 수 있단다. (   )

2. 임대 / 임차

- '임대'는 돈을 받고 자신의 물건을 타인에게 빌려줌.
- '임차'는 돈을 내고 타인의 물건을 빌려 씀.

OX 퀴즈

- 우리는 3층 건물 1층에 거주하면서 다른 층들은 다 임차 중이야.

  (   )

- 부모님께서는 몇 년 전 구입하신 이 건물로 임차업을 하고 계시지.

  (   )

- 최근에 사촌 형님을 위해 건물 2층을 <u>임대</u>하셨어. (   )

3. 이상과 이하 / 초과와 미만

- '이상과 이하'는 기준이 되는 숫자를 포함함.
- '초과와 미만'은 기준이 되는 숫자를 포함하지 않음.

OX 퀴즈

- 배달앱에서 최소 주문 금액이 1만 원 <u>이상</u>이니까 1만 원짜리 덮밥 하나 주문해도 되겠다. (   )
- 영수야, 3천 원 <u>초과</u>하는 주문은 배달비 무료니까 3천 원짜리 어서 주문해. 공짜라잖아. (   )
- 신발 사이즈 250mm <u>미만</u>밖에 없네. 나 딱 250mm니까 다행이다. (   )

4. 가능한 / 가능한 한

- '가능한' 자리에 '할 수 있는'을 넣어 자연스러우면 다행.
- 어색하다면 '가능한 한'으로 대체.

- 하루 종일 책 읽기 가능한 분은 누구입니까? (   )
- 저는 잠이 많아서 가능한 한 읽어보려 해도 잘 안 되더라고요.

  (   )
- 독서 모임에 가능한 빠지지 마세요. (   )

5. 신변 / 신병

- '신변'은 몸과 몸의 주위를 뜻함.
- '신병'은 보호나 구금의 대상이 되는 사람의 몸.

- 으슥한 주택가 골목길을 밤늦게 다니면 신병의 위협을 느낄지도

  몰라. (   )
- 제가 다 말할 테니 신변의 안전을 보장해 주십시오. (   )
- 어젯밤 급하게 뉴스에 나온 그 사람의 신변을 빠르게 확보하러 출

  발하자. (   )

1. ×, ×, ○   2. ×, ×, ○   3. ○, ×, ×   4. ○, ○, ×   5. ×, ○, ×

"~인 것 같습니다"를 줄여야 하는 이유

—

말에도 '자신감'이 보인다

보고서는 핵심만 뽑아서 간결하게 정리한다고 해서 '말을 아끼는 글'이 아니다. 모호한 표현은 결정을 미루게 하고, 신뢰를 낮추기 때문에 명확한 표현을 사용하는 데 익숙해져야 한다. '~인 것 같습니다', '~일지도 모릅니다'라는 표현은 책임을 피하는 것처럼 보일 수 있으니 사용하는 데 유의할 필요가 있다. 명확하게 말할 수 있을 때 당신의 의견은 설득력을 가지게 된다. 직장에서 문장은 곧 판단력이고, 판단력은 곧 영향력이다. 모호함을 걷어낼수록 회사에서 당신의 존재감은 또렷해질 수밖에 없다.

<hr>

승훈은 요즘 자신감을 조금씩 찾아가고 있었다. 메신저도, 회의 때 발언도, 조금씩 또박또박해지고 있었던 것이다. 그런데 이번에는 '보고서'라는 새로운 벽이 나타났다. 월요일 아침, 허 부장이 부른다.

"승훈 씨, 이번 수요일 중간 점검 회의가 있어요. 자료 초안 한번 만들어볼래요?"

승훈은 심장이 철렁했다. '초안이라고? 나한테 맡긴다고?' 당황했지만, 고개를 끄덕였다.

"네! 최선을 다해보겠습니다."

허 부장이 웃는다.

"겁먹지 말고요. 틀려도 괜찮아요. 처음엔 다 그래요."

승훈은 책상 앞에 앉았다. 마우스를 만지작거리다가 노트북을 열었다. 빈 화면, 커서만 깜빡였다. 그리고 조심스레 문장을 타이핑하기 시작했다.

'시장 반응은 긍정적인 것 같습니다.'
'추가 예산이 필요한 것 같습니다.'
'진행하는 것이 좋을 것 같습니다.'

문장들이 전부 흐릿했다. 승훈은 알아차렸다.

'나, 왜 자꾸 자신 없는 말투를 쓰고 있지?'

머릿속에서는 온갖 생각이 스쳤다.

'틀리면 어쩌지?'

'내가 단정했다가 회사에 피해를 주면?'

그래서 무의식적으로 '~것 같습니다', '보입니다', '필요한 것 같아요'를 썼다. 자료를 제출한 다음 날, 회의실. 허 부장, 조 과장, 고 대리가 모였다. 승훈은 숨을 크게 들이쉬었다. 허 부장이 그의 보고서를 화면에 띄우며 말했다.

"승훈 씨, 구성은 좋아요. 근데….."

빔프로젝터 화면에 크게 나온 문장들. 거의 매 문장마다 '~것 같습니다'가 박혀 있었다. 조 과장이 부드럽게 말했다.

"마음은 알겠어요. 하지만 보고서는 느낌으로 쓰는 게 아니에요."

고 대리도 고개를 끄덕이며 덧붙였다.

"승훈 씨, 보고서는 사실을 쓰는 곳이에요. 확실한 건
확실히. 모르면 모른다고 분명히."

허 부장이 교정된 예시를 보여줬다.

'시장 반응은 긍정적입니다.'
'추가 예산이 필요합니다.'
'진행 일정은 조정이 필요합니다.'

고 대리가 설명했다.

"이렇게 말하면 읽는 사람이 믿어요. 흐릿한 표현은
오히려 불신을 불러와요."

조 과장이 조심스럽게 덧붙였다.

"그리고 이번 회의 때는 외부 거래처 김 주임도 참석

해요."

승훈은 놀랐다. 김 주임은 지난번 회의 때, 조금이라도 모호한 부분이 있으면 바로 질문을 쏟아내던 그 사람이었다. 고 대리가 웃으며 말했다.

"'필요한 것 같습니다' 이런 식이면 김 주임은 바로 물어볼걸요?"

고 대리는 장난스런 톤으로 김 주임을 흉내 냈다.

"필요한 겁니까, 아닌 겁니까? 확실히 말씀하세요."

회의실에 웃음이 퍼졌다. 승훈은 긴장이 풀리면서도, 책임감이 무겁게 느껴졌다.

'나, 확실하게 써야 한다.'

오후, 그는 사무실 한구석에 앉았다. 한 문장 한 문장, 꼼꼼하게 고쳤다.

필요한 것 같습니다. → 필요합니다.

진행하는 것이 좋을 것 같습니다. → 진행해야 합니다.

검토가 필요한 것 같습니다. → 검토가 필요합니다.

그리고 아직 확실하지 않은 부분은 '추가 확인이 필요합니다'라고 명확히 썼다.

승훈의 개인 메모 (노트 앱 발췌)

- ☑ 확실한 건 확실하게 말한다.
- ☑ 불확실한 건 '추가 확인 필요'라고 솔직하게.
- ☑ 내 말투가 내 신뢰를 만든다.
- ☑ 자신 없는 표현은 상대를 불안하게 만든다.
- ☑ 말이 단정적일수록 책임감도 함께 커진다.

그는 조용히 메모를 닫으며 다짐했다.

'이건 그냥 보고서 작성법이 아니라, 내 태도의 문제
구나.'

회의 당일 아침 거래처 김 주임까지 참여한 중간 점검 회
의. 승훈은 떨리는 손으로 프린트물을 나눠줬다. 김 주임이
보고서를 쓱 훑더니, 고개를 끄덕였다.

"깔끔하네요. 특히 문장이 명확해서 바로 이해가 됩
니다."

허 부장, 조 과장, 고 대리도 서로 눈짓으로 웃었다. 승훈
은 속으로 소리쳤다.

'해, 냈, 다!'

회의가 끝난 뒤, 커피 머신 옆에서 고 대리가 슬쩍 다가와
말했다.

"잘했어요, 승훈 씨. 보고서 진짜 깔끔했어요."

승훈은 부끄럽다는 표정을 지으며 웃었다.

"사실 밤새 두 번이나 고쳤어요…."

고 대리가 웃었다.

"그게 진짜 프로예요. 밤새 수정하면서 '내가 더 나아
진다'는 느낌 들지 않았어요?"

승훈은 고개를 끄덕였다.

"맞아요. 처음엔 그냥 맞추려고 했는데, 나중엔 진짜

‘내가 책임지고 싶다’는 마음이 생겼어요.”

고 대리는 환하게 웃었다.

“그게 바로 성장입니다.”

승훈은 커피잔을 들고 창 밖을 바라봤다. 맑고 청량한 하늘. ‘조심’과 ‘자신감’의 경계에서 한 뼘 더 성장해 있었다.

다음 밑줄 친 부분을 표기법에 맞게 고치시오.

1. 화재로 인해 그 일대가
   금방 연기에 <u>휩쌓였다고</u> 들었어.　　　　(　　　　)

2. 방 구석구석 쓸긴 다 쓸었는데 도대체
   <u>쓰레받이</u>는 어디에 있는 거야? 좀 찾아봐.　　(　　　　)

3. 내 옆에 앉아. 내가 잘 <u>아르켜</u> 줄 테니.　　　(　　　　)

4. <u>떡볶기</u> 떡은 역시나 밀떡 아니겠니.　　　　(　　　　)

5. 하얗게 눈 <u>덮힌</u> 세상에 오신 것을 환영합니다.　(　　　　)

6. 곰탕 한 그릇 시원하게 먹을 때는
   역시나 <u>깍뚜기</u> 국물이 최고지.　　　　　(　　　　)

7. 오늘 점심에는 <u>쭈꾸미볶음</u> 어때?　　　　(　　　　)

8. <u>어름장</u>을 이렇게 놓아도 되는 거야?　　　(　　　　)

9. 너 통장에 돈이 <u>꾀</u> 많은가 보다.　　　　(　　　　)

10. 아이고야, 그것도 참 일이라고
    온몸이 <u>욱씬거리는</u> 거 이해한다.　　　　(　　　　)

11. 어제 이발했다고 하더니 가리마 예쁘게 탔네.　　　(　　　　　)

12. 제발 좀 그러지 마라. 정내미가 뚝 떨어진다.　　　(　　　　　)

13. 아침부터 그 난리를 치더니 버저시 나타난 거야?　(　　　　　)

14. 신발을 어떻게 짝짜기로 신고 올 수가 있니.　　　(　　　　　)

15. 어린 시절 우리 모두가 풋나기였지.　　　　　　(　　　　　)

1. 휩싸였다고　2. 쓰레받기　3. 알려　4. 떡볶이　5. 덮인　6. 깍두기　7. 주꾸미
8. 으름장　9. 꽤　10. 욱신거리는　11. 가르마　12. 정나미　13. 버젓이　14. 짝짝이
15. 풋내기

더
잘 쓰기

PART II

비즈니스 메일,
말투만 공손하다고 끝이 아니다

—

문어체와 구어체의 차이

메일을 쓰다 보면 '공손하면 됐지'라는 착각에 빠지기 쉽다. 하지만 비즈니스 세계에서 공손함은 기본일 뿐, 메시지의 무게와 신뢰는 '형식'에서 비롯된다는 사실을 잊어서는 안 된다. 말하듯 툭툭 던지는 구어체는 친절해 보일 수 있지만, 때로는 신중함이 부족하다는 인상을 줄 수밖에 없다. 이 장에서는 문장의 톤과 구조, 즉 문어체의 중요성을 살펴보는데 '잘 썼다'는 말을 듣기 위해 무엇을 갖추어야 하는지를 다루게 된다. 정중한데도 어딘가 부족했던 나의 메일, 문제는 말투가 아니라 문장이었을지도 모른다는 사실을 잊지 말도록.

　"왜 또지?"

　승훈은 책상에 앉아 컴퓨터 화면을 한참 바라보다가 결국 머리를 감싸 쥐었다. 방금 허 부장으로부터 메일 한 통을 받았기 때문이다. 단 한 줄, 단 세 마디.

　'메일 다시 보내세요.'

　이번이 세 번째였다. 그는 어제 팀 회의가 끝난 직후, 회의록을 정리해 허 부장에게 메일로 보냈다. 문장은 평소처럼 정중했고, 이모티콘도 안 썼고, 맞춤법 검사도 돌렸다. 그런데도 허 부장의 반응은 똑같았다. 차갑고 간결하고, 도무지 기준을 알 수 없는 '불만족'.

‘진짜, 뭐가 문제일까….’

그는 컴퓨터 앞에 앉아 보낸 메일을 다시 읽어보았다.

안녕하세요, 부장님.

오늘 회의 내용 정리해서 보내드려요.

혹시 빠진 거 있으면 말씀 주세요!

감사합니다~

친근하고 공손하게 쓰려고 노력한 흔적이 고스란히 담겨 있었다. 그러나, 허 부장의 눈에는 그것이 ‘부족한 문서 작성 역량’으로 보였던 모양이다. 승훈은 잠시 의자에 몸을 기댄 채 천장을 바라보았다. 머릿속이 복잡했다.

‘내가 실무를 못하는 것도 아닌데… 왜 이렇게 늘 글쓰기 하나로 이러쿵저러쿵 평가받아야 하지?’

바로 그때, 고 대리가 그의 책상 옆에 살며시 앉았다.

"혹시 또 부장님한테 메일 지적받은 거예요?"

승훈은 머쓱한 표정으로 고개를 끄덕였다.

"근데 정말 모르겠어요. 전에는 말투가 너무 친근하다고 하서서 이번엔 존댓말 쓰고 맞춤법도 다 확인했거든요…."

고 대리는 조용히 웃으며, 그가 쓴 메일을 다시 찬찬히 읽었다. 그리고 마치 유레카를 외치듯 말했다.

"당, 연, 히, 이거지요. 말투는 공손해졌는데, 문장은 여전히 '대화체'잖아요. 일상적인 느낌이 너무 강하다고요. 여긴 회사랍니다, 동호회나 친구 모임이 아니라."

"네?"

승훈은 스스로에게 되묻고 말았다. '말투가 공손한데도 여전히 부족하다고?' 그때, 지나가던 조 과장이 이 대화를 듣고 어쩔 수 없다는 듯 한마디 보탰다.

"고 대리 말이 맞아요. 비즈니스 메일은 단순히 정중하게 쓰는 게 전부가 아니죠. '문어체'로 쓰여야 해요. 그래야 기록이 되고, 근거가 되고, 신뢰를 얻을 수 있는 거랍니다."

세 사람은 함께 회의실 구석의 작은 칠판 앞에 섰다. 조 과장은 승훈의 메일을 칠판에 적고, 그 아래에 살짝 고쳐 쓴 예시를 친절하게 덧붙였다.

원문:

오늘 회의 내용 정리해서 보내드려요. 혹시 빠진 거 있으면 말씀 주세요!

개선된 문어체 버전:

금일 회의 내용을 정리하여 송부드립니다. 검토 후 보완할

부분이 있으면 회신 부탁드립니다.

승훈은 고개를 갸우뚱했다.

"같은 말인데… 느낌이 좀 다르긴 하네요."

"느낌이 아니라, 전달력과 무게가 다르지요."

고 대리가 웃으며 말했다. 승훈은 이제야 퍼즐 조각이 맞춰지는 느낌이었다. 허 부장은 '말투의 격식'이 아니라, '문장의 형식'을 요구하고 있었던 것이다. 공손한 말투는 기본이고, 거기에 정확하고 단정한 문장 구조가 갖춰져야 '업무 메일'로서 기능한다는 것을 그는 이제야 이해했다. 이해가 아니라 기록이다.

그날 오후, 승훈은 팀 전원에게 전달할 메일을 다시 작성했다. 이번엔 형식을 완전히 바꿨다.

안녕하세요, 부장님.

금일 회의 내용을 아래와 같이 정리하여 송부드립니다.

(이하 회의 요약)

검토 후 보완할 부분이 있으면 회신 부탁드립니다.

감사합니다.

메일을 보내고 30분쯤 지났을까. 허 부장의 답장이 도착했다.

잘 정리했습니다. 수고 많았습니다.

단 두 문장이었지만, 이번에는 달랐다. 느낌이, 뉘앙스가. 문장의 끝에서 무언가 묵직한 만족감이 전해졌다. 승훈은 웃음을 지으며 조용히 커피 한 잔을 마시러 자리를 떴다. 커피 머신 앞에서 고 대리가 슬며시 다가와 속삭였다.

"방금 그 메일 좋았어요. 문장은 습관이라니까. 익숙
해지면 그게 결국 실력이 됩니다."

승훈은 고개를 끄덕이며 커피를 들고 돌아섰다. '문장은
곧 당신의 얼굴이다.'

며칠 후, 사내 공지로 '문서 작성 가이드라인' 초안이 전
직원에게 공유되었다. 발신자는 조 과장. 작성자는 고 대리.
그리고 그 가이드라인 예시문 중에는, 승훈이 작성한 회의
요약 메일이 '좋은 사례'로 소개되어 있었다.

승훈은 자신의 문장이 공식 문서의 일부가 된 것을 보며
묘한 뿌듯함을 느꼈다. 처음엔 '친근함'이 커뮤니케이션의
본질이라고 믿었지만, 지금은 그 생각이 조금 달라졌다. 기
록되는 글은 '친근함'보다 '신뢰감'이 우선이고, '정확성'과 '책
임감'이 뒷받침되어야 한다는 사실을 실감한 것이다.

회사 생활이란 결국, 말을 잘하는 것만큼 '글을 잘 쓰는 능력'이 중요하다는 것을 배웠다. 말은 사라지지만, 글은 남는다. 그리고 그 글은 언젠가 나의 실력을 말없이 대변하게 된다.

1. 사달 / 사단

- '사달'은 사고나 탈을 의미함.

- '사단'은 사건의 단서나 일의 실마리를 뜻함.

OX 퀴즈

- 기말고사 당일 새벽까지 스마트폰 게임을 한 것이 <u>사달</u>이 되어 시험을 망쳐버렸다. (   )

- 여행 가느라 물을 제대로 주지 않은 것이 <u>사단</u>이 되어 베란다 화분에 꽃들이 말라 죽어버렸다. (   )

- 불안불안했는데 결국 이 <u>사달</u>을 만들어서 우리에게 피해를 주는 널 용서할 수 없어. (   )

2. 개발 / 계발

- '개발'은 땅이나 자원, 시스템 등을 인위적으로 개척하거나 발전시키는 것.

- '계발'은 지식, 재능, 사상 등을 일깨워서 발전시키는 것.

- 그는 언제나 자기 개발에 열정적이어서 주위에서 언제나 칭찬을 받곤 하지. (   )
- 지방자치단체에서 신도시 계발 계획을 발표했더니 집값이 엄청 올랐다. (   )
- 최근 AI 기술 개발을 통해 직장인들의 업무 효율을 상당히 높일 수 있었다. (   )

3. 재임 / 연임 / 중임

- '재임'은 다시 그 직을 맡음(한 번만 더).
- '연임'은 연속해서 같은 직책을 맡음.
- '중임'은 다시 그 직책을 맡음.

OX 퀴즈

- ○○○ 시장은 벌써 세 번째나 시장직에 재임한 거니 12년이나 그 자리에 계시는 거네. (   )
- 미국의 트럼프 대통령은 연임에는 성공하지 못했지만 중임에는 성공했다. (   )

• 4년 후 재임을 꿈꾸는 그는 분명 당선될 것이다. (   )

4. 연역 / 귀납 / 귀추

- '연역'은 전제가 참일 경우 결론도 반드시 참인 논증(must be).
- '귀납'은 전제가 참일 경우 결론이 아마도 참인 논증(actually is).
- '귀추'는 그저 어떤 것이 그럴지도 모른다고 제안함(may be).

OX 퀴즈

• '사람은 죽는다. 스크라테스는 사람이다. 그러므로 소크라테스는 죽는다'라고 말하다니 연역법에 대해서 잘 아나 보네. (   )

• 내가 본 모든 까마귀는 검정색이었어. 그럼 모든 까마귀가 검정색이라고 이야기한다면 이게 바로 귀납법인 거지? (   )

• 3반 학급 분위기가 좋고, 그 반 담임선생님의 성격이 밝다는 사실을 통해 담임선생님의 성격이 밝으면 학급 분위기가 좋다고 판단하신 김 선생님의 방식이 바로 귀추법인 거야. (   )

5. 간증 / 방증

- '간증'은 과거에는 자신이 목격한 사건에 대해 진술한 증인을 뜻했으나 현재는 주로 교회에서 하나님의 증인으로서 진술하는 일을 뜻함.
- '방증'은 어떠한 사실을 직접적이 아닌 간접적으로 증명함.

OX 퀴즈

- 하나님의 말씀을 들었다며 교회에서 <u>방증</u>을 해야 한다고 따라가자니 이게 무슨 일인가 싶었다. (　　　)
- 마지막 남은 떡볶이를 내게 주겠다니 날 좋아한다는 <u>방증</u>일 거야. (　　　)
- 아침 7시부터 일어나서 씻고 옷 입는 거 보니 어서 놀러가자는 <u>간증</u>이군. (　　　)

1. ×, ○, ○　2. ×, ×, ○　3. ×, ○, ○　4. ○, ○, ○　5. ×, ○, ×

7

보고서와 채팅,
문장의 톤이 달라야 하는 이유

"어제 자료 보셨어요?" vs. "자료 검토 부탁드립니다"

같은 내용을 담고 있어도, 문장의 톤에 따라 상대가 받는 인상은 전혀 달라질 수밖에 없다. 특히 보고서처럼 정제된 문서와 사내 메신저 같은 실시간 대화창은 문장의 톤과 목적이 뚜렷하게 달라야 한다. 무심코 던진 한 줄이 지시처럼 느껴지거나, 반대로 너무 느슨하게 들리면 업무 신뢰에 영향을 줄 수 있기 때문이다. 이번에는 '말투'보다 중요한 '문장의 목적'과 '톤 조절'의 기술을 짚어본다. 실무에서 더 이상 '부드럽게 말했는데 왜 불편해하지?'라는 의문이 생기지 않도록,

말보다 문장을 관리하는 습관을 길러야 할 때임을 명심해야
한다.

입사 3개월 차, 승훈은 점점 자신감이 붙기 시작했다. 처
음엔 메신저 알림만 울려도 심장이 벌렁거렸지만, 이제는
어느 정도 여유도 생겼다.

어느 목요일 오전, 그는 기획실로부터 받은 중간 점검 보
고서를 정리해 허 부장에게 전달해야 했다. 보고서 자체는
간단했고, 내용도 그리 복잡하지는 않았다. 이메일로 보고
서를 첨부한 뒤, 사내 메신저를 켜고 허 부장에게 이렇게 메
시지를 남겼다.

　　　"부장님, 어제 자료 보셨어요?"

보내는 순간, '어디서 많이 본 문장인데?' 싶었다. 친구랑
톡 할 때도 자주 쓰던 표현이었다. 하지만 '메신저니까 괜찮

겠지, 너무 딱딱하면 오히려 이상하잖아…' 그렇게 스스로
를 설득하며 일을 계속했다.

점심시간이 지나고, 팀 전체 회의가 열렸다. 자료와 관련
된 주요 이슈가 공유되었고, 허 부장이 중간에 말을 끊었다.

"승훈 씨가 자료를 봤는지 물었는데, 표현이 좀 아쉬
웠어요. 우리가 사적으로 대화하는 사이는 아니잖아
요. 학교 선배나 동호회 형이 아닌 것처럼."

승훈은 얼굴이 얼어붙었다. '그걸 회의 시간에 굳이?'라는
생각도 스쳤다. 다들 조용해졌다. 당황스럽고 부끄러웠다.
회의가 끝나고 자리에 돌아온 그는 가슴이 철렁 내려앉는
기분이었다. 혼자 있는 자리에서 억울한 마음이 올라왔다.

'나는 그냥 확인 차 물어본 건데… 그렇게까지 불쾌
하게 받아들일 말투였나?'

그날 오후, 고 대리가 다가왔다.

"승훈 씨, 괜찮아요. 부장님 스타일이 좀 딱딱한 편이라 그러니까. 근데 표현이 좀 애매했던 건 사실이에요. 저도 처음에는 많이 혼났거든요."

승훈은 겨우 고개를 끄덕였다. 하지만 마음 한켠은 쉽게 가라앉지 않았다.

'나는 도대체 뭘 잘못한 걸까. 말투 하나가 이 정도로 큰 오해를 부를 수 있는 건가? 메신저는 대화잖아. 꼭 그렇게 딱딱해야 하나?'

며칠 후, 승훈은 고 대리와 함께 외부 파트너사인 '인사이트 컨설팅'의 최 팀장과 온라인 미팅을 준비하게 되었다. 전날 오후, 회의 준비를 위해 필요한 분석 자료를 요청해야 했다. 이번에도 승훈이 먼저 메신저를 보냈다.

'최 팀장님, 어제 드린 자료 혹시 검토하셨을까요?'

그리고 5분 뒤, 도착한 답변은 이랬다.

'정확히 어떤 자료 말씀하시는 건가요?'

당황한 승훈은 다시 메시지를 확인했다. '혹시'라는 말이 무책임하게 보였나? '검토하셨을까요'는 너무 우회적이었나? 표현은 공손했지만, 정작 중요한 건 빠져 있었다. 무엇을, 언제, 어떻게 봐달라는 건지.

그제야 승훈은 허 부장의 지적이 조금은 이해되기 시작했다. 말투가 문제가 아니라, 말의 '목적'과 '책임'이 모호했던 것이다. 자료를 요청하는 메시지는 단순한 확인이 아니라, 협조를 구하고 결과를 이끌어내기 위한 커뮤니케이션인 것이다.

승훈은 최 팀장에게 다시 정리해서 보냈다.

'팀장님, 어제 오후에 드린 '시장 분석 초안(PDF 파일)'
관련해서 회의 전까지 검토 부탁드립니다. 회의 때
간략히 피드백 주시면 감사하겠습니다.'

이번에는 최 팀장의 답도 훨씬 명확했다.

'네, 확인했습니다. 회의 때 말씀드릴게요.'

미묘한 수정이었지만, 상대의 반응은 확실히 달랐다. 단
어 몇 개만 바꿨을 뿐인데, 의사소통의 질이 달라졌다는 걸
승훈은 체감했다.

그날 저녁, 퇴근 시간에 맞추어 사무실을 나서려던 찰나,
허 부장이 그를 불렀다.

"외부 파트너랑 커뮤니케이션 잘했다고 들었어요.
최 팀장이 칭찬하던걸요."

예상치 못한 칭찬에 승훈은 잠깐 얼었다.

"아… 네. 감사…합니다."

허 부장은 승훈을 보며 고개를 끄덕였다.

"우리가 보내는 말은, 결국 우리 회사의 얼굴이기도
하니까요. 단정하고 명확하면 그 자체로 제일 큰 신
뢰감을 주는 거라는 사실을 잊지 말았으면 해요."

사실 그날 회의에서 허 부장의 발언에 상처를 받았다고
말하고 싶었지만, 승훈은 마음속으로만 고개를 끄덕였다.
말투 하나로 누군가를 의심하게 만들 수도, 믿게 만들 수도
있다는 걸 이제는 안다.

보고서는 최대한 간결하고 객관적으로, 메시지는 명확한
요청과 책임이 담기도록. 말은 짧아질수록 의도가 뚜렷해야
한다는 걸, 그는 일련의 경험 속에서 배웠다. '보셨어요?'는

대화일 수 있지만, '검토 부탁드립니다'는 요청이다. 문장은 짧지만, 목적은 분명히 달랐던 것이다.

지금도 승훈은 메신저를 보낼 때면, 빠르게 움직이던 손가락을 멈추고 한 번 더 생각한다. 이 말이 지금 필요한 말인지, 이 말로 상대가 나를 오해하지는 않을지. 문장은 나를 대신해 앞으로 걸어가는 대리인이다. 정중함은 기본이고, 명확함은 신뢰다. 나는 직장인이니까. 이 회사의 얼굴이니까.

그 사실을 깨닫는 데, 세 줄의 메신저와 한 번의 회의, 그리고 한 사람의 침묵이 필요했다.

다음 밑줄 친 부분을 표기법에 맞게 고치시오.

1. 자, 다음 모임은 <u>모래</u> 저녁 8시입니다. (   )

2. 아놔 진짜, 골목에서 밤새 개가 <u>짖는</u> 바람에
   자기는 틀렸네. (   )

3. 우리 팀 민희 씨가 쌍둥이를 <u>나았다고</u> 하더라고요. (   )

4. 저 많은 사람을 <u>해치고</u>
   어떻게 저 앞에까지 나가겠다는 거니. (   )

5. 해 질 녘에 뒷산에 올라 노을을 바라보는 것만큼
   감동적인 순간은 없어. (   )

6. 도대체 내가 뭘 잘못했다고
   내 것들을 다 <u>뺐으려고</u> 하는 거야. (   )

7. <u>젖갈</u> 하면 뭐니 뭐니 해도 명란 아니겠어. (   )

8. 선거에서 큰 표 차이로 낙선하니 <u>착찹한</u> 심정이었다. (   )

9. 이번 사건에서 뭔가 <u>지피는</u> 게 있으니
   준비 단단히 하자고. (   )

10. 도대체가 그렇게 공부하면 떨어지기 쉽상이라니까. (   )

11. 충농증보다 비염이 그나마 다행이라고
　　 누가 그러는 거야?　　　　　　　　　　　　(   )

12. 다친 곳을 어서 치료하지 않으면
　　 진물려서 덧날 수도 있어요.　　　　　　　　(   )

13. 새벽부터 설쳤더니 겨우 언덕빼기에 올랐다니까. (   )

14. 쇠뇌라는 단어는 진짜 무서운 말이야.　　　　(   )

15. TV에 한 번 출연했더니
　　 다음날부터 주문이 새도하기 시작했다.　　　(   )

1. 모레 2. 짖는 3. 낳았다고 4. 헤치고 5. 녘 6. 뺏으려고 7. 젓갈 8. 착잡한
9. 짚이는 10. 십상 11. 축농증 12. 짓물러서 13. 언덕배기 14. 세뇌 15. 쇄도

8

상사가
다시 묻지 않게 하려면

—

문장을 논리적으로 구성하는 법

업무 보고를 한 번에 통과시키는 사람과 늘 다시 설명하게 되는 사람의 차이는 어디에서 생길까? 맞춤법도, 어조도, 문장 구성도 큰 문제가 없는데 상사가 자꾸 되묻는다면, 문제는 '논리의 흐름'에 있을 가능성이 크다. 말의 순서가 뒤죽박죽이거나 핵심이 뿌옇게 흐려져 있다면 아무리 공손해도 보고의 설득력은 떨어지기 마련이다. 핵심-근거-결론 구조를 중심으로 말과 글에 논리를 입히는 훈련법을 실제 사례로 풀어내보고자 한다. 다시 묻지 않아도 되는 문장을 만들기 위해 필요한 건 글솜씨보다 '생각의 순서'가 아닐까?

<hr>

승훈은 오늘도 아침 일찍 출근해 모니터 앞에 앉았다. 이 팀에서 막내를 맡은 지 벌써 몇 달이 흘렀다. 이젠 제법 익숙해진 듯한 손놀림으로 컴퓨터를 켰지만 마음은 역시나 가볍지 않았다. 오전 회의에서 발표할 보고서 때문이다. '이번엔 괜찮을 거야'라고 몇 번이고 스스로 다독였지만, 머릿속엔 여전히 며칠 전 그 말이 맴돌았다.

"그래서, 결론이 뭐라는 건가요?"

보고서를 끝까지 읽지도 않고 허 부장이 던진 그 한마디. 승훈은 그날 회의실에서 등줄기에 식은땀이 도는 걸 느껴야 했다. 틀린 내용도 없었고 숫자도 정확했다. 말투도 최대한 정중하게 썼는데 도대체 뭐가 문제였을까?

회의를 마치고 자리에 돌아왔을 때 고 대리가 조용히 다가왔다.

"승훈 씨, 오늘 보고서 말인데… 혹시 시간 괜찮으면, 같이 한번 볼까요?"

승훈은 고개를 끄덕였다. 막연히 답답했던 마음이 조금은 풀릴 것 같았다. 빈 회의실에서 둘은 마주 앉았고 고 대리는 프린트가 된 보고서를 펼쳐 들었다.

"보고서는 전체적으로 잘 정리했군요. 문장도 다 깔끔하고. 그런데 말이죠, 읽으면서 자꾸 '이 얘기는 왜 나왔지?' 하는 생각이 들더라고요. 제가 승훈 씨라면 순서를 이렇게 바꿨을 건데 말입니다."

고 대리는 펜을 꺼내어 차근차근 순서를 써 내려갔다.

1. 지금 상황은 어떤가?

2. 어떤 문제가 생겼나?

3. 왜 그런 문제가 생겼는가?

4. 그래서 어떻게 하겠다는 건가?

승훈은 보고서를 다시 보며 말했다.

"저는 그냥 흐름대로 쓴 거였는데… 흠, 생각해 보니
맥락이 없긴 했네요."

고 대리는 고개를 끄덕였다.

"논리적인 글이란 건, 말만 맞는 글이 아니라 순서를
이해할 수 있는 글이에요. 부장님은 결론부터 듣고
싶어 하시는 분이죠. 그런데 승훈 씨 보고서는 이야
기하듯 쓰여 있어서 읽는 사람이 맥락을 찾아야 돼
요. 그래서 자꾸 되묻는 거죠."

승훈은 낯이 뜨거워졌다. 맞는 말이었다. 그는 글을 쓸 때마다 '어떻게 보일까'를 고민했고 '정중한가'에만 신경을 썼다. 하지만 지금 가장 중요한 건 정중함보다 방향과 흐름이 아니던가.

며칠 뒤, 새로운 업무가 주어졌다. 이번에는 '3분기 디지털 마케팅 예산 보고'였다. 승훈은 이전과는 다르게 메모장을 먼저 꺼냈다. 보고서에 들어갈 항목들을 생각나는 대로 쓰는 대신, 머릿속에서 먼저 흐름부터 그렸다.

상황: 3분기 디지털 마케팅 예산은 1억 원

문제: 실제 집행 금액은 1억 2천만 원으로 초과 발생

원인: 인스타그램 광고 단가 급등 및 콘텐츠 제작비 증가

결론: 예산 사용 효율성 점검 필요

제안: 광고 채널 재배치 및 콘텐츠 비용 조정

이 흐름대로 문장을 구성하자 전보다 쓰는 시간이 훨씬 짧아졌다. 무엇보다 '어떻게 써야 할지 모르겠다는 막막함'

이 사라졌다. 그는 문장을 길게 늘이지 않고 핵심을 먼저 적은 뒤에 필요한 근거만 덧붙였다.

보고서 일부 예시:

3분기 디지털 마케팅 예산은 당초 1억 원으로 편성되었으나 실제 집행액은 1억 2천만 원으로 20% 초과 집행되었습니다.

주요 원인은 SNS 채널 광고 단가의 일시적 급등과 외주 콘텐츠 제작 단가 상승입니다.

특히 인스타그램 광고의 비용 상승률은 전월 대비 18%였으며 예상보다 높은 클릭 유입에도 불구하고 전환율은 낮은 편이었습니다.

이에 따라 다음 분기부터 고비용 채널을 재조정하고 성과 기반 예산 배분 방식을 도입할 것을 제안드립니다.

이전 같았으면 '광고 단가가 올라서요…' '콘텐츠 제작비도 생각보다 높았고요…'처럼 설명부터 늘어졌겠지만 이번엔 구조가 있었다. 분명히 다른 글이었다. '무엇을', '왜', '그래서 어떻게'가 정리되어 있었다.

보고서를 출력해 회의실로 들어가는 승훈의 발걸음은 전보다 가벼웠다. 발표를 마친 뒤, 허 부장은 보고서를 천천히 넘겨보다 고개를 끄덕였다.

"좋네요. 이제야 쉽게 이해가 됩니다. 쓸데없는 설명은 없고, 핵심도 잘 잡혔어요. 이 흐름이면 회의에서 다시 얘기 안 해도 되겠습니다."

승훈은 처음으로 허 부장이 '다시 묻지 않는' 순간을 경험했다. 설명하지 않아도 읽히는 글, 질문이 필요 없는 보고서. 그게 얼마나 강력한 신뢰가 되는지를 깨달은 순간이었다.

회의가 끝난 후, 승훈은 고 대리에게 고개를 숙였다.

"대리님, 정말 감사합니다. 말씀 안 해주셨으면 그냥 말투만 고치면 되는 줄 알고 계속 똑같이 썼을 거예요."

고 대리는 웃으며 말했다.

"말은 겉이고, 생각은 속이겠지요. 좋은 문장은 겉과 속이 같은 방향으로 나아가는 문장일 테니까요."

그날 이후, 승훈은 문장을 쓰기 전 반드시 '내가 지금 어떤 흐름을 타고 있는가'를 자문한다. 생각 없이 쓰는 문장이 사라지자 보고에 대한 스트레스도 줄었다. 그리고 무엇보다 다시 묻지 않아도 되는 보고서는 승훈을 더 이상 신입처럼 보이지 않게 만들고 있었다.

1. 대면 / 데면데면

- '대면'은 서로 얼굴을 마주 보고 대함을 의미.

- '데면데면'은 사람을 대하는 태도가 친밀감 없이 예사로움. / 성질이 꼼꼼하지 않아 행동이 신중하거나 조심스럽지 않음.

OX 퀴즈

- 김 대리는 누구를 만나도 데면데면 대하니까 사내에서 인기가 없다. (   )

- 주소만 대면 대면할 필요도 없이 배달이 가능하니까 참 좋은 세상이야. (   )

- 데면데면하면 그 사람 얼굴을 당장 기억할 텐데 말이야. (   )

2. 두껍다 / 굵다

- '두껍다'는 두께가 보통의 정도보다 크다는 의미.

- '굵다'는 물체의 지름이 보통의 경우를 넘어서 길다는 뜻.

OX 퀴즈

- 무슨 라면 면발이 이렇게나 두껍니. (   )

- 그래, 네 팔뚝 두껍다. (   )

- 아직 초등학생인데 무슨 손가락이 이렇게나 굵니. (   )

3. 일체 / 일절

- '일체'는 모든 것, 전부, 완전히를 의미.

- '일절'은 아주, 전혀, 절대로를 의미.

OX 퀴즈

- 일체 간섭하지 마세요. (   )

- 수랏상을 받은 임금님은 일절 고기류를 입에 대지 않았다고 한다.
  (   )

- 당신에게 군사 단속하는 권한을 일체로 맡길 테니 걱정 근심은 하
  지 말고 술이나 마십시다. (   )

4. 연패(連敗) / 연패(連霸)

- '연패(連敗)'는 싸움이나 경기에서 계속해서 짐을 의미.

- '연패(連霸)'는 운동 경기 따위에서 연달아 우승함을 의미.

- 우리 팀이 분명 4연승까지는 잘했는데 갑자기 3연패 중이라 답답하다. (   )
- 24년에 이어 25년도 결승에 올랐으니 2연승 하겠네. (   )
- 대한민국이 마침내 3연패의 금자탑을 세웠습니다. (   )

5. 생각건대 / 생각컨대

- '-하다' 앞에 ㄱ, ㅂ, ㅅ 등의 무성음 받침이 있으면 '-건대'.
- '-하다' 앞에 모음이나 ㄴ, ㅁ, ㅇ 등의 유성음 받침이 있으면 '-컨대'.

- 단언건대 대부분의 사람은 나이가 들수록 외출을 너무도 귀찮아한다. (   )
- 예상컨대 하늘에서 분명 비가 쏟아질 것이다. (   )
- 삼가 생각건대 주상께서는 이 일을 잘해내실 것이옵니다. (   )

1. ○, ○, × 2. ×, ×, ○ 3. ×, ○, ○ 4. ○, ×, ○ 5. ×, ○, ○

9

"넵"과 "네"의 차이가 중요한 순간

—

단어의 격식과 뉘앙스

사소해 보이는 단어 하나가 때로는 조직 내 신뢰를 결정짓는다. "넵"과 "네"처럼 말이다. 비슷한 의미라도 말투의 격식과 뉘앙스는 상대에게 '신뢰', '가벼움', '무성의함'이라는 전혀 다른 인상을 남긴다. 승훈은 어느 날, 이 작은 말의 차이가 가져온 커다란 반응을 마주하며 차근차근 하나씩 배워나간다. 단어는 뜻보다 먼저 느낌이 읽히고, 태도는 표현보다 깊게 남는다. 우리는 익숙하다는 이유로 줄여 쓰고 무해하다는 이유로 넘기지만 일의 무게가 실린 순간 말은 책임이 된다. 승훈이 일상 속 말 한마디에 담긴 신중함과 배려를 배워 가는, 작지만 깊은 성장의 기록이 시작된다.

승훈은 이제 메신저와 이메일에 제법 익숙해졌다고 생각하고 있었다. 처음엔 매 문장을 작성하기 전 '이게 무례하게 보이진 않을까?', '좀 딱딱한가?' 하고 한참을 고민하던 것도 지금은 반쯤 습관처럼 흘러가고 있었다. 특히 "넵"이라는 단어는 그에게 마치 만능열쇠처럼 쓰였다.

가볍고 빠른데다 공손하면서도 부담스럽지 않은 느낌. 동료들은 물론이고 선배들과의 대화에서도 자주 사용했다.

그러던 어느 수요일 아침, 조 과장이 승훈에게 메신저로 업무 지시를 보냈다.

"승훈 씨, 어제 기획안 5쪽 수치 다시 확인하고 전반적인 흐름도 좀 봐주세요. 오늘 오후 회의 전에 부탁드릴게요."

승훈은 아무 생각 없이 이렇게 답했다.

'넵! 바로 확인하겠습니다~ 감사합니다 ☺'

답을 보내자마자 조 과장의 메신저에 곧바로 읽음 표시가
떴고 그 뒤 이어진 대답은 짧고 무미건조했다.

'간단한 말도 상황에 맞게 써주세요.'

이렇게 딱 한 줄이었다. 하지만 그 한 줄이 주는 무게는
승훈의 아침을 퇴근 직전의 시간처럼 무겁게 만들었다. '내
가 뭘 잘못했지? 실수를 했나? 왜 이 정도 말투에 민감하게
반응하신 걸까?'

오후 회의가 끝난 뒤, 승훈은 일부러 조 과장과 눈을 마주
치지 않으려 애를 썼다. 아직 뭐가 문제였는지 분명하게 모
르겠기에 괜한 불편함이 앞섰던 것이다. 그런데 회의실에서

나오는 조 과장이 그를 불렀다.

“잠깐 이야기 좀 할까요?”

승훈은 마지못해 따라나섰고 두 사람은 빈 회의실에 마주 앉았다. 조 과장은 약간은 조심스러워하는 듯 말을 꺼냈다.

“승훈 씨, 요즘 말투에 대해서 신경을 써주는 게 좋겠어요.”

승훈은 반사적으로 물었다.

“혹시 제가 오늘 뭐 실수한 게 있을까요…?”

조 과장은 잠시 망설이다가 말했다.

“그냥 단순한 실수가 아닌 듯해서 제가 말하기에는

좀 그랬는데 그래도 누군가는 먼저 말해주는 게 좋을 것 같아서요. 메신저든 메일이든 요즘 몇 번 봤는데 말투가 조금… 가볍다고 느껴졌어요. 특히 외부와 연계된 일들엔 더욱 신중해야 하니까요.”

승훈은 아차 싶었다. 자신이 쓴 말들을 머릿속으로 되짚어봤다.

‘넵넵~ 알겠습니다!’
‘넵! 회의 자료 잘 봤어요~’
‘ㅎㅎ 감사합니다~ 공유 감사합니다!’

그 순간 자신이 얼마나 무심코 친근한 말투를 ‘무난하다’고 착각해 왔는지 깨달았다. 조 과장은 말을 이었다.

“신입 때는 말 한마디, 표현 하나가 곧 그 사람의 인상이잖아요. ‘넵’이라고 한다고 누가 뭐라 하겠어요.

근데 그게 반복되면 업무에 대한 태도 자체가 가볍게 보일 수 있답니다. 특히 보고 대상이 윗선일수록 더 그렇죠.”

승훈은 고개를 끄덕였지만 속은 복잡했다. 단지 ‘넵’이라는 표현 하나 때문인데 이렇게까지 주의를 받아야 할 일일까? 그런데도 어쩐지 납득이 갔다. 그동안 너무 ‘편하게 들리는 표현’에만 의지해 있었던 건 아닐까.

그날 저녁, 승훈은 이전 대화 기록을 훑어보기 시작했다. 그동안 얼마나 자주, 아무 생각 없이 ‘넵’을 사용했는지 스스로도 놀랄 정도였다.

메신저가 아니라 보고 메일에도, 외부 파트너와의 안내에도, 심지어 허 부장에게 보낸 문장 끝에도 ‘넵’, ‘요’, ‘ㅎㅎ’ 같은 표현들이 무심코 섞여 있었다. 다음 날, 승훈은 메신저에서 조 과장의 메시지를 다시 받았다.

‘승훈 씨, 오늘 오전까지 수정안 버전 보내주세요.’

승훈은 손가락을 멈췄다. 이전 같았으면 '넵! 알겠습니다!'라고 답했을 것이다. 하지만 이번엔 달랐다.

'네, 오전 중에 수정안 정리하여 전달드리겠습니다.'

문장 하나를 보내는 데 조금 더 시간이 걸렸지만 마음은 훨씬 가벼웠다. 그 이후 승훈은 대화 방식 자체를 바꾸기 시작했다. 메신저뿐 아니라 메일에서도, 회의록에서도 말투 대신 단어의 무게를 고민했다. '넵'은 '네'로, '요'는 '~습니다'로, 웃는 이모티콘 대신 간결한 문장으로.

며칠 뒤, 조 과장은 승훈에게 말했다.

"요즘 말투 단정해졌더군요. 간결하면서도 신중한 인상이 들어서 좋았어요. 업무 신뢰도 올라갔고요. 처음에 고쳐나가는 것이 중요하다고 생각해서 제가 한마디 한 것이지만 좀 미안하기는 했어요. 그래도 이해해 줘서 고마워요."

승훈은 처음으로 '말투'가 아니라 '태도'로 인정받은 것 같
은 기분이 들었다. 그건 단순한 말투 교정이 아니었다. '내'
가 쓰는 말의 무게를 고민하기 시작했다는 증거였다.

"넵"과 "네"는 사전에서는 큰 차이가 없을지 모른다. 하지
만 실무에서는 그 작은 어휘 하나가 업무의 깊이, 사람 간의
거리, 조직 내 신뢰를 결정짓기도 한다. 이제 그는 깨달았다.

'말의 차이는 곧 사람의 인상을 만든다.'

그 인상을 신뢰로 바꾸는 건, 단어를 고르는 그 짧은 멈춤
의 순간이다. 그것만으로도 충분했다.

다음 밑줄 친 부분을 표기법에 맞게 고치시오.

1. 달리 방법이 없는데
   제 녀석이 감히 안 하고 <u>베기겠다고</u>?　　　　（　　　）

2. 어른들은 진짜 <u>당체</u> 말을 듣질 않으신다니까.　（　　　）

3. 도대체가 <u>지가</u> 뭔데 나한테
   감 놔라 배 놔라 하는 건지 모르겠다니까.　（　　　）

4. 걔는 왜 그렇게나 하는 짓이
   <u>얍쌉한지</u> 도저히 알 수가 없어.　　　　　（　　　）

5. 그쪽 일은 영수가 누구보다 <u>빳싹하잖아</u>.　　（　　　）

6. 자, 오늘 저녁은 내가 <u>부대찌게</u> 요리사.　　（　　　）

7. <u>육월</u>과 <u>십월</u>에 도대체가 휴가가 며칠인 거야.　（　　　）

8. 아무리 그래도 <u>쌩판</u> 모르는 사람인데
   그렇게 대해서야 괜찮겠어?　　　　　　　（　　　）

9. 한 차례 태풍이 몰아치더니 이후에는 <u>고즈녁해졌다</u>. （　　　）

10. 제발 좀 게으름피우지 말고 <u>얼릉얼릉</u> 끝내라니까
　　왜 이리 말을 안 듣니.　　　　　　　　　　　（　　　　　）

11. 들뜬 기분이 이제야 <u>갈아앉았는데도</u>
　　집중이 되지 않는다.　　　　　　　　　　　（　　　　　）

12. 오른팔로 바닥을 <u>집지</u> 않았으면 큰일 날 뻔했어.　（　　　　　）

13. 그렇게나 좋은 향기를 <u>품어내던</u> 방향제였는데.　　（　　　　　）

14. <u>세락한</u> 고향 마을 한가운데 앉아서
　　지난 추억을 떠올려본다.　　　　　　　　　　（　　　　　）

15. 오늘 우리 동네 식당 오픈 행사로
　　유명 <u>연애인</u>이 온대.　　　　　　　　　　　（　　　　　）

1. 배기겠다고　2. 당최　3. 제가　4. 얍삽한지　5. 빠삭하잖아　6. 부대찌개　7. 유월 / 시월　8. 생판　9. 고즈넉해졌다　10. 얼른얼른　11. 가라앉았는데도　12. 짚지
13. 뿜어내던　14. 쇠락한　15. 연예인

10

이해하기 쉬운 문장이 경쟁력이다

—

신입사원의 문해력이 중요한 이유

어떤 말은 끝까지 들어야 의미가 전해진다. 어떤 문장은 제대로 읽어야 의도가 왜곡되지 않는다. 빠르게 소비되고 빠르게 잊히는 말들 속에서도 비즈니스 현장에서는 '읽히는 문장', '이해되는 문장'이 결국 경쟁력을 좌우한다. 잘 읽히는 문장은 곧 신뢰이고 신뢰는 곧 기회다. 승훈이 이 단순한 진리를 온몸으로 실감하게 된 건 뜻밖에도 회식 자리에서였다. 업무 메일도, 회의 보고도 아닌 소주잔이 오가던 저녁 테이블 위에서였던 것이다. 그리고 그날, 실수한 건 그가 아니었다. 아

찔할 수도 있었던 상황을 문제없도록 되돌린 건, 신입사원 이
승훈이었다.

<hr>

"오늘 승훈 씨가 프로젝트를 잘 마무리했으니까, 박
수 한번!"

허 부장의 말에 조심스러운 박수가 터져 나왔다. 고깃집
안쪽, 가장 조용한 자리에서 팀원들이 둘러앉은 조촐한 회식
이 열렸다. 주방에서 막 나온 삼겹살이 지글지글 익고 있었
고 소주잔이 조심스럽게 돌았다. 허 부장은 여전히 테이블을
장악하고 있었고, 조 과장은 조용히 고기를 굽고 있었다. 고
대리는 왼손으로 잔을 들고 오른손으로 휴대폰 메시지를 보
내느라 바빴고, 승훈은 말없이 생수만 마시고 있었다.

"오늘은 고 대리가 카드 긁는 날인가요?"

허 부장이 농담처럼 외쳤다.

"그런 의미에서 한잔 받으시죠."

"에이 부장님, 제 통장은 다이어트 중인데요."

고 대리가 웃으며 맞받아쳤다.

"근데 조건이 하나 있습니다. 발표 자료는 조 과장님
이 도와주시는 걸로!"

회식 자리는 유쾌한 웃음소리로 가볍게 들떴고, 승훈은
조용히 웃으며 고개를 끄덕였다. 그런데 이상하게도 오늘
회식이 긴장됐다. 단순히 낯설어서가 아니었다. 며칠 전 고
대리가 작성한 보고서 초안에서 문장의 흐름이 이상했던 게
마음에 걸렸다. 승훈은 그때 수정 여부를 묻고 싶었지만 막
내가 선배의 글에 이의를 제기하는 것이 부담스러워 입을
다물었다. 그리고 그 보고서는 그대로 외부로 발송됐다.

"고 대리, 그 보고서 어제 파트너 쪽에도 발송했다고
했지요?"

조 과장이 불쑥 물었다.

"네, 오전에 일괄 발송했어요."

고 대리는 고개를 끄덕이며 말했다.

"오탈자는 승훈 씨가 한 번 더 체크해줬고요. 워낙 꼼
꼼하잖아요."

승훈은 순간 숟가락을 조심스럽게 내려놓았다. 그건 맞
으면서도 틀린 말이었다. 맞춤법, 용어 통일, 서체 오류 등
형식적인 부분은 체크했지만 가장 중요한 건 '그대로'였다.
그 문장은 여전히 너무 길고 의미가 분산돼 있었다.
그는 고민했다. 이 자리에서 이 이야기를 꺼내는 게 옳을

까? 하지만 지금 타이밍을 놓치면 상황이 더 커질 수 있었다. 그래서 조심스럽게 입을 열었다.

"대리님, 그 문장 중에요. '도입 시 기대 효과' 부분… 혹시 수정된 버전으로 보내신 거 맞죠?"

일순간, 조용해졌다. 고 대리는 눈을 깜빡이며 말했다.

"수정한 거 아녔어요? 승훈 씨가 확인했잖아요."

승훈은 살짝 당황했지만 이내 가볍게 웃으며 고개를 저었다.

"형식적인 것만 확인했어요. 제가… 그날 문장의 구조가 조금 길다고 느끼긴 했는데 선뜻 말씀드리질 못했어요. 그리고 대리님께서 마지막에 한 번 확인하겠다고 하셔서…."

허 부장이 가라앉은 분위기를 깨보려 노력하면서 흥미로
운 듯 말했다.

"어떤 문장이었는데요?"

승훈은 스마트폰을 꺼내어 초안을 보여주었다.

'기술을 도입하게 될 경우 예상되는 효과는 기존 시스
템 대비로서 효율성과 안정성을 기반으로 한 혁신적
인 업무 흐름의 전환 가능성을 포함할 수 있습니다.'

문장을 유심히 들여다보더니 허 부장이 바로 대꾸했다.

"이건… 문장이 너무 길고 중간에 뭐가 주어고 뭐가
핵심인지 잘 안 보이기는 하는군요."

고 대리도 그제야 당황한 듯 말끝을 흐렸다.

"아… 그거… 제가 밤에 급하게 쓰다 보니까… 그
냥… 넘어갔나 보네요."

승훈은 얼른 분위기를 풀기 위해 농담처럼 말했다.

"저도 두 번 읽고 겨우 이해했어요. 솔직히 파트너사
에서도 조금 헤맬 수도 있을 것 같아요."

허 부장이 조용히 고개를 끄덕이며 말했다.

"이해하기 쉬운 문장이 진짜 실력이지. 다 아는 말로
어렵게 말하는 건 누구나 하니까요. 근데 누구나 이
해할 수 있게 쓰는 건 아무나 못하지요. 저도 아직 잘
못하니까요."

조 과장도 고개를 끄덕이며 술잔을 내려놓았다.

"외부 문서일수록 더 그렇지요. 우리끼리는 어찌어찌 맥락으로 넘기지만 외부에서 볼 때는 문장 하나하나에 신뢰가 달려 있으니까요."

고 대리는 머리를 긁적이면서 쑥스럽게 웃으며 승훈을 빤히 쳐다보았다.

"와, 승훈 씨… 말 진짜 조심스럽게… 잘한다. 괜히 나도 기분 안 나쁘고… 다음엔 초안 쓰기 전에… 먼저 보여줘야겠군요. 하하."

그 말을 들은 승훈은 얼굴이 빨개진 채 고개를 끄덕였다. 그건 승훈에게 작지 않은 변화였다. 불과 두세 달 전만 해도 자신이 쓴 메일 한 통도 "이게 이상한가요?" 하고 몇 번을 확인하던 사람이었다. 지금은 조심스럽지만 분명하게 문제를 짚을 수 있는 사람이 됐다. 하지만 고 대리가 당혹스러워하는 모습이 보여 조 과장은 한마디 덧붙였다.

"부장님, 그래도 고 대리가 차후 일처리는 스무스하게 잘 넘기니까 업체와의 진행 상황은 문제없을 겁니다. 혹시라도 연락 오면 잘 설명하면 되니까요. 하하."

"그래요, 우리 고 대리 일 잘하는 건 나도 잘 아니까, 뭐 작은 실수는 있는 법이니까요. 원숭이도 나무에서 떨어지는 법이 있으니까. 이번 기회에 승훈 씨도 잘 캐치했으니 오히려 긍정적인 상황이 되었네요. 자, 기분 좋게 다들 한잔합시다."

"부장님, 과장님, 다음부터는 더 신경 쓰겠습니다. 승훈 씨 덕분에 저도 이제 긴장감 잃지 않아야겠습니다. 하하."

회식이 끝날 무렵, 허 부장이 승훈에게 다가와 귓속말로 이렇게 속삭였다.

"고 대리가 한 방 먹었지만 괜찮아요. 늘 잘하던 사람이라 가끔은 긴장감이 필요하니까. 우리 팀이 또 서

로 이런 지적에 대해 관대하니 걱정 안 해도 괜찮아
요. 오늘 승훈 씨 같은 사람이 진짜 우리 팀에 필요한
사람이야. 말은 칼이기도 하지만 방패가 될 수도 있
어요. 자네 말은 오늘 방패였어.”

그날 밤, 승훈은 돌아가는 지하철 안에서 메모 앱을 켜고
한 줄을 썼다.

‘누군가에게 읽히는 문장을 쓴다는 것은 결국 상대를
배려하는 일이다.’

그 문장 하나 덕분에 승훈은 오늘 조금 더 성장해 있었다.
그리고 그 성장은 분명 다음 문장에서 또 힘을 낼 것이다.
건축물이 완성되기까지 하나씩 하나씩 재료들이 잘 섞여 올
라가듯이 승훈도 결국 랜드마크가 될 만한 직장인이 될 것
임이 분명하다.

1. 바른 말 / 바른말

- '바른 말'은 어법에 맞는 말을 의미.

- '바른말'은 이치에 맞는 말을 의미.

OX 퀴즈

• 박 차장은 회의 중에 이번 프로젝트의 실패에 대해 <u>바른 말</u>을 하는 데 거침이 없다. (   )

• <u>바른 말</u> 고운 말을 정확하게 쓸 줄 알아야 국어 실력이 좋아진다니까. (   )

• 정말이지 <u>바른말</u>을 전할 때 <u>바른 말</u>을 사용하면 더욱 신뢰감을 줄 수 있을 것이라 생각한다. (   )

2. ~대 / ~데

- '~대'는 '~다고 해'의 줄임. 직접 경험이 아닌 타인에게 들은 것을 전달.

- '~데'는 '~더라'의 줄임. 스스로 직접 경험한 것을 전달.

- 그 녀석 오늘은 못 <u>온데</u>. (   )

- 어제 영수는 영희한테 <u>차였대</u>. (   )

- 어제 고향 친구를 만났는데, 그 녀석 참 많이 <u>컸데</u>. (   )

3. ~든 / ~던

- '~던'은 지난 일을 나타내는 어미.

- '~든'은 어느 것을 선택해도 차이가 없음을 나열하는 보조사.

- 광수, 정말 <u>잘하던데</u>. (   )

- 누구<u>든지</u> 상관없으니 제발 이 일 좀 끝내기나 해. (   )

- 비가 오<u>던</u>지 눈이 오<u>던</u>지 난 분명히 널 만나러 갈 거라고 얘기했
  어. (   )

4. 띄다 / 띠다

- '띄다'는 남보다 훨씬 두드러짐을 의미. '뜨이다'의 줄임말.

- '띠다'는 색깔, 기분, 성질, 감정을 나타냄을 의미. '나타내다'라
  는 의미.

OX 퀴즈

- 우리는 역사적 사명을 <u>띄고</u> 이 땅에 태어났다. (   )
- 그날따라 유난히 그녀가 눈에 <u>띠었다</u>. (   )
- 미소를 띤 얼굴이 눈에 확 <u>띄었다</u>. (   )

5. 연도 / 년도

- '연도'는 회계나 결산 등 편의상 구분하게 되는 1년 동안의 전
  체 기간. 특정 해의 뜻.
- '년도'는 1월 1일부터 12월 31일까지 한 해. 전체를 의미.

OX 퀴즈

- 이번 <u>연도</u>는 여름에 무척이나 더울 것 같아. (   )
- 우리 졸업 <u>연도</u>가 어떻게 되더라? (   )
- 당해 <u>년도</u> 신규 채용공고는 벌써 마감되었습니다. (   )

1. ✕, ○, ○   2. ✕, ○, ○   3. ○, ○, ✕   4. ✕, ✕, ○   5. ✕, ○, ✕

더
잘 말하기

PART III

11

주어와 서술어가 멀어지면 오해가 생긴다

—

긴 문장을 줄이는 방법

회사에서 글을 쓰는 일은 생각보다 어렵다. 승훈은 보고서 작성 때마다 자꾸만 길어지는 문장 속에서 길을 잃는다. 친구 재용은 회의록을 쓰다가 핵심이 흐려지고, 범수는 발표 자료에 핵심 메시지를 담지 못해 피드백을 받아야만 했다. 셋은 퇴근 후 카페에 모여 서로의 고민을 털어놓으며, 하나의 공통점을 발견한다. 문장이 길어질수록, 주어와 서술어 사이가 멀어질수록 오해는 자라고 설득력은 사라진다는 것. 승훈은 그날 밤부터 새로운 습관을 익히고자 이 문장을 여러 번 마음속으로 반복했다. ‘지금 내가 쓰는 이 문장, 주어와 서술어는 가까이에 있을까?’ 긴 문장은 짧게, 복잡한 문장은 명확하게 바꾸는 연습은 이제부터 시작이다.

“오늘은 아이스 바닐라라떼다. 어제는 뜨거운 걸 마셨더니 기분까지 눅눅했어.”

승훈이 커피숍 테이블에 털썩 앉으며 중얼거리자, 재용과 범수는 동시에 키득키득 웃으며 그를 맞이했다.

“우리도 방금 같은 얘기 했다니까.”

재용이 커피잔에 빨대를 꽂으며 말했다.

“회사 얘기만 아니면, 이런 소소한 날씨 이야기만 하면서 살고 싶다, 진심.”

"맞아. 하지만 우린 결국… 보고서와 프레젠테이션에 목숨 걸어야 하는 직장인이지. 받아들여야지 어쩌겠냐."

범수는 어깨를 으쓱이며 테이블 한 쪽에 팔을 얹었다.

"승훈이, 너, 보고서 때문에 너네 부장한테 뭐라 한 소리 들었다면서?"

승훈은 잠깐 머리를 긁적이다가 웃었다.

"응. 내 문장이 너무 복잡하고 길어서 읽다가 숨 막힌다고 하시더라."

재용과 범수는 동시에 맞받아치듯 고개를 끄덕였다.

"나도 그런 피드백 자주 받아. 특히 회의록 쓸 때. 설명하다가 내 문장 안에서 내가 길을 잃어."

재용이 씁쓸하게 말했다. 범수도 컵을 내려놓으며 말을 이었다.

"나 이번에 팀 발표 자료 만들다가 혼났지 뭐. 3페이지 내내 단 하나의 메시지도 없다고. '그래서 요점이 뭔데?'란 말 들을 땐 진짜 식은땀 났지."

승훈은 노트북을 꺼내며 조심스럽게 말했다.

"혹시… 이야기 나온 김에 이 보고서 좀 같이 봐줄래? 어제 다시 쓴 건데, 아직도 자신이 없어."

재용과 범수는 망설임 없이 고개를 끄덕였고, 셋은 노트북 화면을 들여다보았다. 승훈이 읽기 시작한 문장은 이랬다.

"해당 프로젝트에 있어서 가장 핵심적인 리스크 요인은 현재 팀 간 커뮤니케이션이 일정 수준 이상으로 유기적으로 이뤄지고 있지 않음으로 인해 발생하는 일정 관리의 어려움과, 그로 인한 품질 저하 가능성이며, 이에 대한 대응 방안을 사전에 다각도로 마련해야 할 필요가 있다."

재용은 화면을 읽다 말고 콧소리를 냈다.

"와… 진짜 길긴 길구나."

이어서 범수가 냉정하게 말했다.

"일단 주어가 '핵심적인 리스크 요인'인 건 알겠어. 근데 서술어는 어디 숨은 거냐?"

승훈은 당황한 듯 스크롤을 내리며 말했다.

"그… '필요가 있다'?"

재용이 또다시 웃음을 터뜨렸다.

"주어랑 서술어 사이에 40자 넘게 뭐가 끼어 있잖아. 나 같으면 중간에 돌아서 나가버렸어."

승훈도 피식 웃으며 말했다.

"나도 쓰다가 무슨 말 하려고 했는지 까먹어. 근데 내용을 다 넣고 싶으니까 자꾸 이렇게 돼."

범수는 이해한다는 듯 고개를 끄덕이며 커피를 한 모금 마시고는, 문장을 다음처럼 정리했다.

"이 프로젝트의 핵심 리스크는 팀 간 소통 부족으로 인한 일정 지연과 품질 저하다. 이를 해결하려면 사전에 대응책을 마련해야 한다."

재용도 얼씨구나 맞장구를 쳤다.

"이렇게 바꾸면 문장이 바로 들어오잖아. 주어랑 서술어가 가까우니까 말의 중심이 흔들리지 않잖아. 알겠어?"

승훈은 한참을 생각하다가 말했다.

"나 이번 주에 부장님께 '어떤 말인지 모르겠다'는 말만 두 번이나 들었거든. 처음엔 억울했어. 서운하기도 했고, 나 잘한 적도 있는데 말이야. 나는 분명 '열심히 설명'한 건데…."

재용이 조심스럽게 말했다.

"근데 열심히 설명하면 설명할수록 말이 길어지잖아. 그게 때로는 혼돈의 카오스가 되기도 하더라. 하하."

범수는 테이블에 팔을 얹고 깊은숨을 내쉬었다.

"혼돈의 카오스가 뭐냐. 하하. 우리 팀도 그렇지만, 요즘 팀장들 중에 '글 길면 무조건 거부감' 갖는 사람들 많아. 너무 바빠서 보고서 한 줄만 읽고 판단하는 경우도 있고."

승훈이 고개를 끄덕이며 말을 이었다.

"맞아. 그리고 또 하나 깨달은 건… 내가 너무 '포괄적으로 말하는 버릇'이 있다는 거야. 예를 들면, '이 사안은 향후 진행 방향에 따라 다양한 영향이 있을 수 있으므로 관련 부서 간 협의를 통해 종합적인 판단이 요구됩니다' 뭐, 이런 식?"

재용은 커피잔을 내려놓고 웃으며 말했다.

"이제 회의실 냄새 난다."

범수도 따라 웃었다.

"그러니까. 근데 이상하게, 우리 다 쓰는 말이긴 해. 그냥 그게 '회사어'인 줄 알았어."

당연하다는 듯 승훈이 고개를 젓는다.

"회사어라는 말이 아니라, '읽거나 듣는 사람이 이해 못 하는 말'이 문제라는 걸 이제야 알았어. 내가 이해시키려는 게 아니라, 나만 아는 말을 늘어놓았던 거야."

잠시 셋은 조용해졌다. 창 밖에는 어둠이 내려앉고, 커피숍 내부 조명은 은은했다. 범수가 말했다.

"우리가 지금 하는 얘기들, 사실 팀 회식 땐 못 해. 다들 앞에선 열심히 듣는 척하지만, 속으론 '대체 무슨 말이지?' 생각하거든."

재용이 킬킬 웃었다.

"그러니까 오늘 우리, 회식 대신 '문해력 스터디' 한 거네."

승훈은 진지한 얼굴로 고개를 끄덕였다.

"나 이제 보고서 쓸 때마다 확인할 거야. 이 문장에서 주어랑 서술어가 서로 손 닿을 만큼 가까운지."

범수가 가볍게 손뼉을 쳤다.

"그게 진짜 말 잘하는 사람의 시작이야. 회의 때도,

보고서도."

재용도 컵을 들며 마무리했다.

"짧고 명확한 문장은 결국 배려야. 읽는 사람이나 듣
는 사람에 대한, 동료에 대한."

승훈은 노트북을 덮었다. 그리고는 남은 커피를 쭈욱 들
이켰다. 속이 후련할 만큼.

"우리, 이 대화… 진짜 회사 생활 중 가장 실용적인
대화였던 것 같아."

셋은 그렇게 웃으며 자리에서 일어났다. 그리고 그날 밤,
각자의 방에서 그들은 한 문장을 다시 쓰기 시작했다. 처음
으로 짧게, 그러나 정확하게. 주어와 서술어가 서로를 가까
이서 바라보고 있을 만큼.

다음 밑줄 친 부분을 표기법에 맞게 고치시오.

1. 문제가 너무 안 풀려서 머리를 <u>쥐뜯으며</u> 괴로워했다. (   )

2. 월급이 워낙 <u>작으니</u> 한 달 살기에도 빠듯합니다.   (   )

3. 결혼식을 <u>치루고</u> 나니 이제야 정신이 돌아온다.   (   )

4. <u>개네들은</u> 도대체가 왜 빠진 거래?   (   )

5. 가방 안에 넣어뒀던 식빵이 완전 <u>뭉게진</u> 거야?   (   )

6. 어휴, 저 개그맨 진짜 <u>오도방정</u>이 따로 없구나.   (   )

7. 마침내 우승 트로피를 <u>검어쥐었을</u> 때
   그 자리에 털썩 주저앉았다.   (   )

8. 철호야, <u>손톱깎기</u> 대체 어디 있는 거니?   (   )

9. 마음의 상처를 <u>가리우는</u> 시 한 편을 읽었다.   (   )

10. 드라마에는 왜 그렇게나
   <u>바람끼</u> 많은 사람들로 넘쳐나니.   (   )

11. 밥 먹고 바로 <u>설겆이</u>를 하려고
매번 마음먹는데 왜 이렇게 힘들까.　　　　　(　　　)

12. 결혼 <u>승락</u> 얻기가 왜 이렇게 힘든지 모르겠다.　　(　　　)

13. 봄볕에 <u>아지랭이</u>가 피어오르는 게 보인다.　　　(　　　)

14. 여기 이 리모델링 아파트는
신혼부부가 살기에 <u>안성마춤</u>이다.　　　　　　(　　　)

15. 이렇게 일 처리를 하는 것 보니 넌 아직도 <u>애숭이</u>야.(　　　)

1. 쥐어뜯으며 2. 적으니 3. 치르고 4. 걔네들은 5. 뭉개진 6. 오두방정 7. 거머 8. 손톱깎이 9. 가리는 10. 바람기 11. 설거지 12. 승낙 13. 아지랑이 14. 안성맞춤 15. 애송이

회의록이
곧 실력이다

—

핵심을 빠르게 정리하는 요약 능력

회의는 순간이지만 회의록은 기록이다. 말이 흘러가는 동안 그 핵심을 붙잡아 글로 정리하는 일은 단순한 타이핑이 아니다. 그건 판단이고 해석이며, 업무를 꿰뚫어보는 요약의 힘이라 할 만하다. 승훈은 입사 3개월 만에 회의록을 맡게 된다. 평소 자신에게 따뜻하게 피드백을 주던 고 대리는 그 아침, 회의보다 한 시간 먼저 승훈을 위해 출근해 조용히 다가온다. 두 사람 사이엔 묵묵한 책임감과 은근한 신뢰가 자라고 있었다. 그리고 그날, 승훈은 회의록이야말로 '실력을 가늠하는 또 하나의 결과물'이라는 사실을 깨닫게 된다.

오전 7시 10분. 사무실의 불은 꺼져 있었고, 빌딩 안에는 출입카드의 삑 소리만이 정적을 깨고 있었다. 승훈은 굳이 탕비실에 비치된 믹스 커피를 한 잔 타도 되는데 비몽사몽한 기분도 없애버릴 겸, 굳이 밖에 나가 아이스 아메리카노 한 잔을 사서 자리에 앉았다. 그러고는 한숨을 쉬는 마음가짐으로 기분을 차분히 달래고는 노트북을 켰다.

오늘 오전 9시 30분, 허 부장이 주재하는 팀 전략 회의가 예정돼 있었다. 승훈은 처음으로 회의록을 '혼자서' 맡게 되었다. 부장님의 특별 지시였던 것이다. '왜일까? 아직 신입인 나에게….' 인정받았다는 기쁨과 함께 혹시 실수라도 하지 않을까 하는 불안감이 동시에 엄습해 왔다.

어제 저녁, 승훈은 자리에 스탠드만 겨우 켜진 어두컴컴한 사무실에 남아 부서의 이전 회의록 20여 건을 프린트해서 꼼꼼하게 낭송하듯 읽었다. 각 회의록은 작성자에 따라 완전히 다른 '색깔'을 지니고 있었다. 어떤 회의록은 대화체로 너무 장황했고, 어떤 회의록은 핵심만 요약되어 있었지만 생략이 많았다. 어떤 건 누가 무슨 말을 했는지 한눈에 들어왔고, 또 어떤 건 '이 회의에서 도대체 뭐가 결정됐는지'조차 알 수 없었다.

그는 깨달았다. 회의록이란 건 '말을 받아 적는 일'이 아니라 '말의 흐름을 구조화해서 다른 사람이 읽고 이해하게 만드는 것'이라는 사실을.

그때, 사무실 문이 열렸다.

"생각보다 더 일찍 왔네요?"

고 대리였다. 회의는 두 시간 넘게 남았지만, 그도 머그잔을 들고서 주섬주섬 책상으로 다가왔다. 승훈은 놀라 눈을 동그랗게 떴다.

"대리님이 왜 이렇게 아침 일찍…?"

고 대리는 커피를 한 모금 벌컥 마시며 앉았다.

"오늘 승훈 씨가 회의록 맡는다는 소릴 듣고, 나는 처음 맡았을 때 새벽 여섯 시에 나왔던 기억이 나서요. 얼마나 떨릴지 알아서. 분명 도움이 필요할 것 같아서요. 물론 혼자 해낼 수도 있겠지만 혹시나 하는 마음에…."

승훈은 멋쩍게 웃었다.

"하루 전부터 복습했는데, 이게 생각보다 감이 안 와요."

고 대리는 자리에서 일어나 승훈의 옆자리로 의자를 끌고 와 앉았다. 그러면서 다정한 말투로 건넸다.

"내가 회의록 쓰면서 했던 실수부터 알려줄까요?"

승훈은 메모 준비를 하며 고개를 끄덕였다.

"첫 번째, 모든 말을 받아 적으려고 했어요. 그랬더니 회의 끝나고 나도 내가 뭘 썼는지 모르겠더라고요. 두 번째, 핵심을 놓쳤지요. 중요한 논의가 어떤 순서로 오갔는지, '결론이 뭔지'를 제대로 못 적은 거죠."

"그럼… 어떻게 해야 좋을까요?"

"말을 그대로 받아 적지 말고, '요점화'를 할 것. 그게 요약의 핵심이니까요. 그리고 꼭 정리해야 할 세 가지만 기억할 것."

고 대리는 흰 종이를 꺼내 적기 시작했다.

1. 이 회의에서 무엇이 논의됐는가?
2. 그 중에서도 누가 결정권을 가졌고, 어떠한 결론이 났는가?
3. 다음 액션은 누구의 몫인가?

승훈은 고개를 끄덕이며 물었다.

"혹시, 좋은 회의록 예시… 보여주실 수 있나요?"

고 대리는 노트북을 켜고 자신의 예전 회의록 하나를 열었다. 짧은 문장들로 요약된 내용, 화살표로 연결된 업무 흐름, 그리고 마지막에 정리된 책임자별 액션 리스트까지…. 승훈은 감탄해 마지않았다.

"이렇게 명확할 수가 있구나…."

고 대리는 웃으며 말을 이었다.

"잘 쓰려고 하지 말고, 명확하게 쓰려고 해봐요. 그럼 느낌이 팍 하고 올 겁니다."

9시 30분. 회의실. 허 부장의 발표가 시작됐다. 전략 회의답게 숫자와 계획이 필살기처럼 오갔고, 부서 간 이슈도 수면 위로 올랐다. 승훈은 타이핑을 하다가 몇 번, 손을 멈췄다.

'지금은… 정리하지 말고 듣자.'

고 대리의 조언이 떠올랐고, 그 순간 허 부장의 말이 두 번째로 반복되었다.

"결국, 이번 분기 성과를 좌우할 건 협업 지연 문제를 어떻게 해결하느냐에 달려 있어요."

승훈은 그 문장을 '이번 회의의 요지'로 기록했다. 그리고 그 아래에 담당자, 마감 기한, 필요한 조치 사항을 간단히 메모했다.

오후 2시. 그는 회의록 초안을 다 쓴 뒤, 고 대리에게 보여 주었다. 그는 꼼꼼히 읽은 후 기분 좋게 말했다.

"좋다. 그리고 이 부분은 살짝만 바꿔봅시다."

고 대리는 승훈의 초안 중 다음과 같은 문장을 가리켰다.

'부장님께서는 협업의 필요성을 강조하시며, 이에 따른 대응 방안을 종합적으로 검토해보자는 의견을 말씀하셨다.'

고 대리는 그 문장을 이렇게 고쳐 적었다.

'협업 지연 문제는 분기 성과에 직결되므로, 이에 대한 대응 방안 검토를 지시함. (담당: 기획팀, 6/15까지)'

승훈은 놀란 얼굴로 고개를 끄덕였다.

"같은 말인데 이렇게 다르네요."

고 대리는 미소 지으며 이었다.

"회의록은 메시지를 정제해서 '업무 지시문'으로 바꾸는 작업이에요. 감탄사를 없애고, 책임과 기한을 드러내는 것. 그게 실력이죠."

그날 밤, 승훈은 회의록 최종본을 정리한 뒤 전송 버튼을 눌렀다. 그리고 처음으로 이렇게 생각했다.

'나는 오늘, 말이 아니라 의미를 기록했다.'

회의록 한 장을 완성했다는 자부심은 단지 문서를 잘 썼다는 의미가 아니다. 그는 일의 흐름을 읽는 눈을, 말 속의 결론을 붙잡는 감각을 처음으로 체득한 것이었다.

1. 율 / 률

- '율'은 앞말이 모음이나 'ㄴ' 받침으로 끝날 때.

- '률'은 그 외 받침으로 끝날 때.

OX 퀴즈

- 감소율, 소화율, 비율, 이자율. (　　　)

- 백분율, 회전율, 할인율, 전환율. (　　　)

- 이탈율, 경쟁율, 사망율, 입학율. (　　　)

2. 결재 / 결제

- '결재'는 문서나 안건을 승인하는 행위.

- '결제'는 주로 돈을 주고받을 때 사용. 일을 처리하여 끝냄.

OX 퀴즈

- 부장님, 결제 올렸습니다. (　　　)

- 현금 말고 카드로 결재할게요. (　　　)

- 손님, 결제 도와드리겠습니다. (　　　)

3. 알맞은 / 알맞는

- '알맞은'은 일정한 기준, 조건, 정도에 넘치거나 모자라지 아니
한 데가 있음.
- '알맞는'은 잘못된 표현으로, 동사 '맞다'의 활용형 '맞는'에서
유추.

OX 퀴즈

- 본인에게 알맞는 직업은 도대체 뭐라고
생각하는 건가요. (   )
- 다음 중 보기의 빈칸에 들어갈 내용으로 알맞은 것을 고르시오.
(   )
- 그곳은 잠깐 비를 피하기에 알맞는 곳이었다. (   )

4. 꽤나 / 깨나

- '꽤나'는 '보통보다 조금 더한 정도'의 부사 '꽤'에 '수량이나 정
도'를 나타내는 보조사 '나'가 붙은 부사어.
- '깨나'는 어느 정도 이상의 뜻을 나타내는 보조사.

- 오늘은 햇살이 <u>깨나</u> 따뜻했어. (   )
- 너 힘<u>깨나</u> 쓰는구나. (   )
- 돈<u>깨나</u> 있다고 잘난 척하기는. (   )

5. 늑장 / 늦장

- 원래 '느릿느릿 꾸물거리는 태도'를 뜻하는 단어는 '늑장'뿐이었으나 현재는 '늦장'도 복수 표준어로 인정.

복수 표준어의 예시

- 가뭄/가물, 간질이다/간지럽히다, 감감무소식/감감소식, 게을러빠지다/게을러터지다, 거치적거리다/걸리적거리다
- 가엾다/가엽다, 들락날락/들랑날랑, 딴전/딴청, 떨어뜨리다/떨구다, ~뜨리다/~트리다
- 손자/손주, 헛갈리다/헷갈리다, 쇠고기/소고기, 복받치다/북받치다, 여쭈다/여쭙다

1. ○, ○, ×   2. ×, ×, ○   3. ×, ○, ×   4. ×, ○, ○

13

비즈니스에서는 "아님 말고"가 통하지 않는다

애매한 표현을 줄이는 연습

일상에서 "아님 말고"는 큰 잘못이 아니다. 하지만 비즈니스에서는 이 말이 '책임 회피', '신뢰 하락'으로 직결된다. 회의, 메일, 대면 커뮤니케이션에서 모호한 표현은 실수의 씨앗이 되고, 때로는 관계를 어긋나게 만든다. 승훈은 조 과장과 함께 나간 첫 외근에서 이를 실감한다. 거래처와의 긴장된 상황 속, 조 과장은 불필요한 모호함을 없애며 상황을 정확히 진단하고 유연하게 대응한다. 승훈은 그날 이후 말하기 전에 스스로 묻기 시작했다. "지금 내가 말하려는 문장, 혹시 '책임을 흐리는 말'은 아닌가?"

오전 9시 45분, 을지로의 회색 빌딩 앞. 승훈은 조 과장을 따라 거래처 미팅 장소로 들어섰다. 사전 자료를 인쇄한 파일을 품에 안고, 그는 조심스레 입을 열었다.

"과장님… 혹시 질문이 들어오면 제가 답해도 될까요?"

조 과장은 엘리베이터 버튼을 누르며 말했다.

"응. 답해도 돼요. 단, 애매하게 말하진 말고요."

승훈은 고개를 끄덕였지만, 속으로는 긴장되고 불안했다. 첫 외근이자 첫 거래처 미팅이었던 것이다. 회의실에는 거래처인 에코텍 사의 김 과장이 기다리고 있었다. 조 과장은 반갑게 인사했고, 승훈도 고개를 숙였다.

"먼 길 오시느라 고생 많으셨습니다."

김 과장이 말문을 열었다.

"자료는 잘 받았고요, 한 가지 확인드릴 게 있어서요.
여기 있는 시스템 연동 일정 말입니다. 7월 10일까지
완료라고 되어 있는데, 이건 확정인가요?"

승훈은 준비해 온 파일을 넘기며 말했다.

"아, 네. 그게… 아마도 그 정도 일정이면 가능하지 않
을까 싶습니다."

순간, 조 과장의 눈빛이 미세하게 흔들렸다. 그에 아랑곳
하지 않고 김 과장은 곧바로 물었다.

"'가능하지 않을까 싶다'는 건 어떤 의미인가요? 확정

은 아니라는 뜻인가요?"

승훈은 당황했다.

"그… 네, 확정은 아니고요. 내부 일정이 아직 조정 중
이라…."

그 순간 조 과장이 거침없이 말을 이어받았다.

"해당 일정은 내부 시스템 파트와 이미 협의 중이고,
조정 여지는 있지만 기본적으로 7월 10일까지 완료
하는 방향으로 확정했습니다. 단, 테스트 일정은 7월
14일까지 여유 있게 잡으실 수 있습니다."

김 과장은 고개를 끄덕이며 말했다.

"그 정도면 충분합니다. 일정표는 다시 정리해서 공

유 부탁드립니다.”

잠시 긴장이 풀리며 미팅은 무난히 진행되었다. 미팅이 끝난 후, 커피 한잔하자는 조 과장의 제안으로 근처 카페로 자리를 옮겼다.

“아까 좀 놀랐지요?”

조 과장이 커피를 한 모금 마시며 승훈을 바라봤다. 승훈은 솔직히 고개를 끄덕였다.

“‘가능하지 않을까 싶다’는 말이 그렇게 위험한 말일 줄은 몰랐어요….”
“그게 바로 애매한 표현이라는 거예요.”

조 과장은 잔을 내려놓으며 말했다.

"그 말은 '책임은 나한테 없고요, 상황 봐서요'라는 뉘앙스를 주거든요. 듣는 사람 입장에선 불안할 수밖에 없지요."

승훈은 고개를 숙였다.

"사실 제가 그 말 자주 씁니다. '아마', '아닐 수도 있지만', '일단', '대략적으로' 이런 식으로요."
"그럴 수밖에 없지. 신입일 땐 자신이 없으니까요. 그런데 말이죠, 자신이 없을수록 말은 더 정확해야 해요. 말을 정확히 한다는 건, 책임질 수 있는 부분과 그렇지 않은 부분을 구분해서 말하는 거니까요."

승훈은 메모장을 꺼내 조심스럽게 적었다.

아마도 → 내부 검토 후 안내드리겠습니다
대략적으로 → 구체적인 일정은 XX일 기준입니다

아닐 수도 있지만 → 아직 확정되지 않았습니다

조 과장은 미소 지으며 고개를 끄덕였다.

"그거예요. 그렇게 말하면 실수하더라도 신뢰는 지킬 수 있어요."

.

회사로 돌아오는 택시 안. 승훈은 조심스레 물었다.

"과장님은 항상 그렇게 단호하고 정확하게 말하세요?"
"아니요."

조 과장이 피식 웃었다.

"나도 초반엔 '대충 말하고 빠지기' 달인이었지요. 그땐 덜 혼나고 살 줄 알았어요. 근데 그게 더 큰 리스크라는 걸 늦게 알았답니다."

승훈은 창 밖을 바라보며 되새겼다.

"비즈니스에서는… '아님 말고'가 안 되는 거네요."
"정확히 말하면, '말이 곧 신뢰'라는 거지요."

그날 이후, 승훈은 말을 시작하기 전 잠시 멈추는 습관이 생겼다.

'이 문장이 혹시 책임을 피하려는 말은 아닌가?'

그리고 그는 점점,

"확인해서 말씀드리겠습니다."
"그 일정은 내부에서 확정된 상태입니다."
"변경 사항이 있다면 사전에 안내드리겠습니다."

라고 말하는 사람이 되어갔다.

다음 밑줄 친 부분을 표기법에 맞게 고치시오.

1. 오전 내내 비가 오더니
   오후가 되어서는 날이 환하게 <u>개였다</u>.   (   )

2. 청각장애인들의 언어를 <u>수화</u>라고 한다.   (   )

3. 이른바 <u>끼어 팔기</u> 관행이 다시 시작되고 있다.   (   )

4. <u>얼시구절시구</u> 차차차, 지화자 좋구나.   (   )

5. 아무리 추워도 그렇게 <u>움추릴</u> 필요 없다.   (   )

6. 어디 감히 선생님한테 눈을 <u>부릎뜨고</u> 쳐다보는 거야. (   )

7. 나는 <u>빨강색</u>이 너무 좋아.   (   )

8. 그 사람과 걸을 때는 <u>멀찌기</u> 떨어져서 걸어야만 했다.(   )

9. <u>더우기</u> 배가 고플 때가 진짜 문제라니까요.   (   )

10. 너 정말 <u>째째하게</u> 이럴 거야.   (   )

11. <u>오지랍</u>도 태평양이셔 정말.   (   )

12. 우리 집 <u>설합</u> 안에 도대체 뭐가 들어 있다는 거야. (   )

13. 정말이지 가난에서 벗어나고자 앙간힘을 쓰고 있다. (   )

14. 가을이 되니 온 산이 단풍으로 울긋불긋하다.   (   )

15. 바깥일을 하고 와서 그런지 왜 이렇게 꾀제제하니. (   )

1. 개었다 2. 수어 3. 끼워 팔기 4. 얼씨구절씨구 5. 움츠릴 6. 부릅뜨고 7. 빨간색 8. 멀찍이 9. 더욱이 10. 쩨쩨하게 11. 오지랖 12. 서랍 13. 안간힘 14. 울긋불긋 15. 꾀죄죄

PPT와 보고서는
설득의 도구

—

가독성과 설득력을 높이는 문장 쓰기

슬라이드는 금세 완성됐다. 하지만 이상하게도, 완성한 순간부터 마음이 불편했다. 수치는 맞고, 문장은 틀리지 않았지만 '그래서 뭐가 중요한데?'라는 물음에는 스스로도 답할 수 없었다. "대리님, 이거 한번 봐주실 수 있을까요?" 승훈이 머뭇거리며 보낸 메일의 답장은 단 한 줄이었다. "보고서가 아니라, 설득이 되게 다시 써봅시다." 그날 밤 그는 처음으로 알게 됐다. 보고서에서 중요한 건 '정리된 정보'가 아니라 상대를 움직이게 만드는 문장이라는 걸. 다음 날 아침, 승훈은 발표자로 지목되었다. 첫 장부터 마지막 장까지의 문장들이 사람들의 고개를 끄덕이게 만들 수 있을지, 이제 스스로 증명해야 했다.

회사는 '결과로 말하라'고 했지만, 그 결과를 어떻게 보여줄지는 아무도 알려주지 않았다.

승훈은 입사 후 세 번째 프로젝트에서 처음으로 실무의 핵심을 맡았다. 광고 캠페인 성과 분석을 맡았던 것이다. 자료는 많았고 상대적으로 시간은 부족했다. 첫 PPT를 만든 날, 그는 자신 있게 고 대리에게 보냈다. 하지만, 돌아온 피드백은 의외였다.

"자료는 좋은데, 보고서는 설득력이 없네요. 읽는 사람 입장에서 생각해 보는 것이 좋겠어요."

승훈은 일순간 멍해졌다. '설득력? 나는 단지 사실을 정리했을 뿐인데?' 그날부터 그의 밤은 바뀌었다. 슬라이드를 보는 눈이 달라져야 했기 때문이다. 숫자 하나, 제목 하나에도 질문을 달고 또 달았다. '이건 왜 중요한가? 이 숫자가 상대의 결정에 어떤 영향을 미치는가?' 모든 문장이 청중을 향해 던지는 질문이어야 했다.

보고서 작성이 끝나갈 즈음, 고 대리가 발표 연습을 해보자고 제안했다.

"이번엔 승훈 씨가 발표하는 거예요. 자료의 전체적인 흐름을 가장 잘 아니까요."

승훈은 당황했다. 물론 고 대리가 알아차리지 못한 것이 다행이라면 다행이었다. 회사에서 발표는 늘 선배들의 몫이었다. 하지만 이번엔 새로운 기회이자 두려운 시험이었다. 회의실을 예약해 두고 두 사람은 연습을 시작했다.

"시작은 깔끔하게. '안녕하세요, 신입사원 이승훈입

니다' 말고, 뭔가 훅 들어가는 멘트를 해야 해요."

"예를 들면요?"

"'이번 캠페인, 기대보다 결과가 좋지 않았습니다. 이유는 단 하나—우리가 고객을 오해했기 때문입니다.' 이런 식으로. 주제와 메시지가 첫 문장에서 강렬하게 나와야 하는 거죠."

슬라이드의 흐름도 조정이 필요했다. 승훈은 '이탈률 분석', '광고 클릭률', '전환비용'과 같은 슬라이드를 기존의 순서대로 배치했지만, 고 대리는 이렇게 말했다.

"정보는 많지만, 흐름이 없어요. 사람들이 듣고 싶어 하는 건 '그래서 우리는 뭘 바꿔야 하느냐'인 거죠. 결론부터 던지고, 근거로 끌어오는 편이 좋습니다."

승훈은 그 조언대로 슬라이드 순서를 바꿨다. 도표는 텍스트를 줄이고, 색깔을 정리했다. 메시지를 명확히 하기 위

해 슬라이드마다 '한 문장 요약'을 달았다. 예를 들면 이런
식이었다.

'이탈률은 높았지만, 이탈한 고객은 '불만족'보다 '예
산 초과'가 주원인이었다.'

각 슬라이드는 말 대신 스토리로 바뀌어 갔다. 숫자는 설
명으로 이어지고, 도표는 흐름을 만들어냈다.

발표 당일. 승훈은 새벽 5시에 눈을 떴다. 아니, 눈이 떠
졌다고 하는 표현이 더 어울렸다. 긴장이 목을 조여왔다. 발
표 장소는 본부 중역 회의실. 팀장, 본부장, 외부 전략 자문
역까지, 무게감 있는 청중이 객석 곳곳에 앉아 있었다.

첫 슬라이드가 띄워지고, 그는 조용히 입을 열었다.

"이번 캠페인, 기대에 못 미쳤습니다. 그 원인은 분명,
우리가 잘못 해석한 '고객의 맥락'에 있었습니다."

순간적으로 회의실이 조용해졌다. 이어지는 슬라이드에서 승훈은 데이터 하나하나에 근거를 붙였다. 단순히 '수치가 낮다'가 아니라 '왜 낮았는지', 그리고 '그게 우리에게 어떤 전략적 선택을 의미하는지'를 차근차근 호흡하듯 설명했다.

고 대리는 승훈의 발표를 뒷자리에서 조용히 지켜보고 있었다. 몇 번 고개를 끄덕이는 임원들을 바라보며, 속으로 중얼거렸다. '이제 진짜, 팀원으로서 한 사람 몫을 제대로 하는군.'

발표가 끝난 후, 몇 명의 팀장들이 승훈을 따로 불러 이것저것 말하기 시작했다.

"보고서 내용이 인상적이었어요."
"슬라이드 구성도 명확했고요. 멋집니다."
"결과가 기대에 못 미쳤다는 내용이었지만, 우리의 실수를 해결해 나갈 방안들이 잘 정리되었어요."
"감사합니다. 최대한 핵심이 보이도록 노력했습니다."

승훈은 겸손하게 웃었지만, 그 속에는 알 수 없는 뿌듯함
이 차올랐다.

그날 퇴근길, 그는 평소보다 천천히 걸었다. 슬라이드 한
장, 문장 하나에도 치열했던 지난 며칠이 떠올랐던 것이다.
가독성이란 읽기 쉬움이 아니라 '전달력'이었다. 설득이란
화려한 말이 아니라 '논리적 흐름'이었다.

그리고 그는 알았다. 보고서란, 글을 쓰는 사람이 아니라
'읽는 사람을 위한 글'이어야 한다는 것을. 길었던 하루의 태
양은 짧게 저무는데, 왠지 달빛은 오래 남아 있을 것만 같았
다. 그냥 집으로 옮기려는 발걸음이 아쉽기만 했다.

1. 왠 / 웬

- '왠'은 '왜인지 모르게'라는 의미.

- '웬'은 '어떤' 또는 '무슨'의 의미.

OX 퀴즈

- 오늘은 왠지 모르게 기분이 이상해. (　　　)

- 웬 돈이 이렇게나 많이 입금된 거지. (　　　)

- 우리 최 대리가 수금을 다 해오다니 왠일인가 싶네. (　　　)

2. 심심한 사과

- 이때 '심심한'은 심할 심(甚)과 깊은 심(深)을 사용하여 '매우
  깊고 간절함'을 뜻함.

다음 중 '심심한'의 의미가 다른 것은?

① 이렇게 어려운 상황에서도 물심양면으로 도와주신 모든 분들께 심심한 감사의 말씀을 올립니다.

② 애써주시는 101동 주민 여러분은 심심한 경의를 받아야 마땅하다고 생각합니다.

③ 어제는 정말 심심한 하루였다니까.

④ 재해로 고생하시는 많은 분들께 심심한 위로의 말씀을 전합니다.

3. 봬요 / 뵈요

- '봬요'는 '뵈어요'의 줄임말로 상대를 높이거나 예의를 표할 때 사용.

- '뵈요'는 잘못된 표현으로, '뵈~' 뒤에는 보조사 '~요'가 붙을 수 없음.

• 주말 잘 보내시고 내일 <u>봴게요</u>. (   )

• 혹시나 궁금한 사항이 발생하면 곧바로 찾아<u>봴게요</u>. (   )

- 그만 좀 뵙자고 우겨라. (   )

4. 어떻게 / 어떡해

- '어떻게'는 방법, 방식, 상태 등을 묻거나 설명하는 부사.
- '어떡해'는 어떤 행동이나 처치를 해야 할지 모를 때는 말로 당황, 고민, 감탄을 표현. '어떻게 해'의 줄임으로도 쓰임.

OX 퀴즈

- 그가 어떡해 우리에게 그렇게 말할 수 있어. (   )
- 그녀는 어떻게 그 사실을 알았던 거야? (   )
- 시험 완전 망쳤어, 어떡해? (   )

5. 다르다 / 틀리다

- '다르다'는 'different'.
- '틀리다'는 'wrong'.

- 쌀떡볶이랑 밀떡볶이랑 뭐가 틀려요? (   )

- 재료부터가 다르잖아요. (   )

- 한 입 베어물면 확실히 틀리다는 느낌이 들 거예요. (   )

1. ○, ○, ✕　2. ③　3. ○, ✕, ○　4. ✕, ○, ○　5. ✕, ○, ✕

15

나를 빛나게 하는
피드백의 법칙

—

무조건 "네"가 정답은 아니다

프레젠테이션은 끝났고, 조명이 꺼졌다. 허 부장은 조용히 "임원실 다녀올게요."라고 말하며 먼저 나갔다. 슬라이드가 내려가고 사람들도 흩어졌지만, 승훈의 심장은 여전히 속도 위반 중이었다. "옥상 갈래요?" 고 대리의 제안에 승훈은 말없이 고개만 끄덕였다. 조 과장은 슬그머니 자료 뭉치를 챙기더니 뒤따랐다. 엘리베이터 대신 계단을 택한 세 사람. 계단을 오르는 발소리만이 바쁘게 남아 있던 회의실의 긴장감을 조금씩 밀어냈다. 회의는 끝났지만, 진짜 대화는 지금부터였다.

<hr>

　옥상 문을 활짝 열어젖히자, 간질거리는 산들바람이 얼굴을 스쳤다. 맞은편 고층 빌딩의 유리창들에서 햇빛이 흐리게 반사되고 있었고, 어딘가에서 점심 회식이라도 있는지 고기 굽는 냄새가 바람에 실려 왔다.

　"발표 끝나고 올라오는 공기, 이게 제일 맛있다니까."

　조 과장이 커피 두 잔을 들고 와 승훈과 고 대리에게 건넸다.

　"딱 봐도 어제 밤샌 얼굴인데, 커피부터 마셔요."

　승훈은 감사하다며 넙죽 받긴 했지만, 웃음이 이리저리 어색했다. 발표 내내 머릿속에서 맴돌던 질문 하나가 시원하게 내려오지 않았기 때문이다.

"과장님, 저… 발표 전에 부장님한테 슬라이드 순서 바꿨다고 보고드렸거든요. 그때 '왜 바꿨냐'고 물으셔서… 제 나름대로 설명했는데, 말하면서도 이게 맞나 싶었어요."

고 대리가 잔을 내려놓고 말했다.

"그랬더니 뭐라 하셨어요?"
"'흐름이 보이게 정리해 보라'고요. 그냥 거절은 안 하셨는데…."

조 과장이 커피를 한 모금 마시더니 피식 웃었다.

"그 정도면 상 받은 거예요. 부장님 성격 몰라요? 말 안 끊고 듣고, 그 자리에서 부정 안 하셨으면 '오케이'

란 뜻이지요."

승훈은 잠시 멈칫하다 물었다.

"근데 제가 굳이… 그 상황에서 말을 꺼내는 게 맞았
을까요?"
"그게 맞는지 아닌지 판단하는 게 자네 몫이죠. 부장
님이 정답은 아니잖아요."

고 대리도 고개를 끄덕였다.

"내가 예전에 신입 때, 부장님한테 슬라이드 순서 틀
린 것 같다고 우물쭈물 말했다가 회의실에서 완전 무
너졌잖아요. 그때 부장님이 하신 말이 아직도 생생
하다니까요."

승훈이 고개를 갸웃했다.

"뭐라고 하셨는데요?"

"내가 하란 대로만 할 거면, 자네가 굳이 필요 있겠어?"

세 사람 사이에 조용한 웃음이 번졌다. 조 과장은 담배를 입에 무는 척하며 말했다.

"부장님 스타일은 원래 그래요. 반박하라는 뜻은 아니에요. 하지만 생각이 있다면 말해보라고, 던져보는 거죠."

"근데 전 아직 경험도 없고⋯." 승훈이 조심스럽게 입을 뗐다.

"그래서 더 말해야 해요." 고 대리가 덧붙였다.

"사람들은 경험 없는 사람이 의견 내면 어리다고 지적할까 봐 걱정하지만, 실제로는 경험 없는 사람이 생각을 말하는 게 훨씬 중요하거든요. 그래야 그 사람을 키울지 말지를 판단할 수 있으니까요."

조 과장은 손으로 난간을 탁탁 두드리며 말했다.

"실은 나도 그거 모르고 3년 동안 '넵, 알겠습니다'만 하다가, 진심으로 혼난 적 있어요. '보고는 네 생각을 전제로 써야지, 내 복사기야?' 하시던데, 그게 아직도 뼈에 남아 있다니까요."

승훈은 고개를 끄덕였다.

'무조건 "네"라고 하는 게 착한 게 아니구나. 때론 의견을 내는 게 용기고, 존중일 수도 있겠구나.'

그때 고 대리가 승훈의 어깨를 톡 치며 말했다.

"앞으론 '네' 하기 전에, 한 박자만 쉬고 생각해 봐요. '이 말이 진짜 맞나?' 하고."

조 과장도 덧붙였다.

"맞으면 '네', 애매하면 '질문', 틀리면 '제안'. 그 세 개로만 말해도, 상사들 반은 감동받는다고요. 거짓말 아니에요. 진짜라니까." 승훈은 깔깔 웃었다.

진짜 수업은 여기서 시작되는구나, 라는 느낌. 슬라이드를 꺼낸 발표장보다, 커피 한 잔 들고 올라선 이 옥상에서 더 많은 걸 배우는 중이었다.

그날 퇴근 전, 사무실에 다시 내려온 승훈은 조용히 오늘 피드백을 정리했다. 메모 마지막 줄에는 이렇게 적혀 있었다.

'보고는 말하는 것이 아니라, 책임지는 것이다. 그리고 책임지려면, 내 생각을 말할 수 있어야 한다.'

다음 밑줄 친 부분을 표기법에 맞게 고치시오.

1. 네가 하는 짓을 보니 속에서 <u>부화</u>가 치밀어오른다.　　(　　　　)

2. <u>우뢰</u>와 같은 박수가 이어지고 있습니다.　　(　　　　)

3. 김 사장님, <u>구렛나루</u>가 정말 멋집니다.　　(　　　　)

4. 바로 그 <u>찰라</u>의 순간, 홈런을 때립니다.　　(　　　　)

5. 오늘은 여섯 시부터 해가 <u>누엿누엿</u> 지고 있네.　　(　　　　)

6. 그 녀석 참 <u>늠늠</u>하구만.　　(　　　　)

7. <u>한끝</u> 차이였는데 져버리다니 너무 아쉽다.　　(　　　　)

8. 너무 <u>쑥쓰러워서</u> 옆에서 걷지도 못하겠어요.　　(　　　　)

9. 죄 없는 자가 그녀에게 <u>돌맹이</u>를 던지거라.　　(　　　　)

10. 그 음식은 <u>전자렌지</u>에 데워야 맛있더라.　　(　　　　)

11. 솔직히 우리는 <u>비지니스</u>로 만난 사이잖아.　　(　　　　)

12. 자, 오늘 회식은 <u>부페</u>입니다.　　(　　　　)

13. 새로 나온 <u>카라멜</u> 먹어봤어요.　　　　　（　　　）

14. 우리 팀장님은 진짜 다 잘하시는데
　　 <u>리더쉽</u>이 부족하시니.　　　　　　　（　　　）

15. 체크인하고 들어왔는데 방에 <u>타올</u>이 없다니.　（　　　）

1. 부아　2. 우레　3. 구레나룻　4. 찰나　5. 뉘엿뉘엿　6. 늠름　7. 한 끗　8. 쑥스러워서　9. 돌멩이　10. 전자레인지　11. 비즈니스　12. 뷔페　13. 캐러멜　14. 리더십　15. 타월

더
잘 이해하기

PART IV

거절도 세련되게
해야 한다

—

"어렵습니다" 말고 "이렇게 하면 어떨까요?"

수요일 오후 4시. 일주일 중 가장 집중도가 떨어지는 시간대였다. 누구는 회의실로 향하고, 누구는 커피 한 잔으로 몰려오는 졸음을 달래고 있었다. 그런 가운데 승훈은 혼자 조용히 자리에 앉아 기획 보고서의 마지막 부분을 다듬고 있었다. 이번 분기의 마케팅 전략을 정리한 이 보고서는 팀 전체가 주목하고 있는 주요 안건으로, 그의 손끝에 담긴 표현 하나하나가 그대로 임원 보고에 사용될 예정이었다. 슬슬 머리가 멍해질 즈음, 사내 메신저가 조용히 울렸다. '[CX팀 새롬 사원] 안녕하세요! 혹시 시간 괜찮으시면, 잠깐 보고서 관련해 도움을 부탁드려도 될까요?' 이름과 직급을 보는 순간, 승훈은 상대가 자신과 같은 신입사원이라는 걸 알아차렸다. CX팀은 고객 경험을 다루는 부서로, 마케팅팀과 회의나 캠페인 리뷰 등에서 가끔 얼굴을 마주치긴 하지만 실무적으로 직접 협업하는 일은 거의 없었다. 그런 이유로 새롬 사원은 승훈에겐 낯선 이름이었다. 조심스러운 말투, 그리고 '도움'이라는 단어. 승훈은 무심코 마우스를 갖다 댔다가 멈칫했다. '보고서 양식 요청'이라는 건 단순한 파일 공유 이상이라는 것을, 이제는 알고 있었다.

<hr>

[승훈 사원] 안녕하세요, 새롬 님. 어떤 내용의 보고서인지 간단히 여쭤봐도 괜찮을까요?

[CX팀 새롬 사원] 아 네! 이번에 고객 인터뷰 자료를 정리해서 본부장님께 드리는 인사이트 보고서를 준비 중인데요. 처음 맡는 거라 어떻게 구조를 잡아야

할지 몰라서요. 혹시 마케팅팀에서 사용하시는 보고
서 양식 참고해도 될까 해서요. :)

승훈은 잠시 생각에 잠겼다. 이전에 자신이 작성한 보고
서는 단순한 문서 양식을 넘어서 전략적 사고의 결과물이자
팀 내부의 관점이 고스란히 담긴 결과물이었다. 이런 자료
는 겉보기에는 단순하지만, 함부로 외부에 공유하기에는 민
감한 부분이 많았다. 그렇다고 곧바로 '그건 어렵습니다'라
고 잘라 말하는 것도 어색했다. 상대는 같은 연차의 신입사
원이었고, 도움을 요청하는 말투에서 진심이 느껴졌다.

승훈은 일단 고 대리에게 다가가 조용히 상황을 설명했다.

"대리님, CX팀 신입분이 제 보고서 양식을 공유해달라
고 하시는데요. 그냥 드리면 좀 애매할 것 같아서요."

고 대리는 승훈의 말을 듣고 고개를 끄덕이며 말했다.

"잘 판단했어요. 우리 팀 보고서는 우리 내부 방식이 녹아 있어서 그냥 주기엔 부담이 있어요. 보고서라는 게 단순히 틀만 본다고 해결되는 것도 아니니까요. 오히려 방향을 잡아주는 게 더 좋을 수도 있어요."

자리로 돌아온 승훈은 메신저에 글을 쓰기 위해 천천히 마우스 위에 손을 얹었다.

[승훈 사원] 새롬 님, 요청 감사드려요. 다만, 저희 팀에서 사용한 보고서 양식은 팀 내부 전략이 녹아 있어서 외부 공유는 조금 어려운 점 양해 부탁드릴게요. 하지만 고객 인터뷰 자료를 정리하시는 거라면 그에 맞는 구조를 함께 고민드릴 수 있을 것 같아요. 괜찮으실까요?
[CX팀 새롬 사원] 아 네네! 괜찮습니다. 오히려 너무 감사하죠. 어떤 식으로 하면 좋을까요?

승훈은 새 창을 열고 키보드를 두드리기 시작했다.

주요 키워드 도출: 고객 인터뷰 내용을 읽고 반복적으로 등장하는 키워드를 먼저 분류한다.

테마별 분류: 도출한 키워드를 기준으로 세 가지 정도의 주요 테마로 분류한다. (예: 응대 속도, 응답 정확도, 접근성)

고객 인용 정리: 각 테마 아래에 고객의 목소리를 직접 인용한다. "전화 연결만 15분 걸려요." 같은 식.

팀 인사이트 도출: 마지막에 각 테마에 대해 CX팀의 인사이트나 개선 제안을 정리한다.

[승훈 사원] 예를 들어, '응대 속도'가 핵심이라면 아래처럼 정리할 수 있어요.

[응대 속도]

고객 A: 전화 연결만 15분 걸려요.

고객 B: 콜백 요청했는데 하루 넘게 걸렸어요.

→ 인사이트: 응답 속도 개선은 고객 만족에 직결되

며, 긴 대기 시간은 이탈로 이어질 가능성이 높음.

새롬 사원의 답장은 예상보다 빨리 도착했다.

[CX팀 새롬 사원] 와… 이거 진짜 너무 좋은걸요. 그
냥 양식만 받았으면 이런 구조는 절대 못 잡았을 거
예요. 이 방식으로 정리하면 훨씬 명확해질 것 같습
니다. 정말 감사드려요. 커피라도 꼭 사야겠어요!

승훈은 피식 웃으며 메신저를 닫았다. 단순히 자료를 넘
기지 않고, 도움의 본질을 고민한 결과였다. 처음엔 막막했
지만, 오히려 이렇게 방향을 제시하니 자신도 더 명확해지
는 기분이었다.
조금 뒤, 고 대리가 다시 자리로 와 묻는다.

"잘 정리했어요?" 승훈은 고개를 끄덕이며 말했다.
"네. 그냥 '어렵습니다'라고 하기보단, '이렇게 하면

어떨까요?'라고 했어요. 덕분에 저도 많이 배운 것 같
아요."

고 대리는 미소 지으며 말했다.

"이제 승훈 씨가 다른 사람의 방향도 잡아줄 수 있겠
군요. 많이 성장했어요. 잘했어요."

그날 저녁, 지하철 안에서 승훈은 스마트폰을 열어 오늘
의 대화를 다시 되짚었다. 처음엔 부담스럽고 어렵게 느껴
졌지만, 정중하고 구체적인 대안이야말로 관계를 지키는 방
식이라는 걸 체감한 하루였다.

'거절은 단절이 아니라 연결의 기술이다.'

그는 문득 그렇게 생각했다. 사소한 말 한 줄이 사내 관계
의 분위기를 얼마나 바꿀 수 있는지를 오늘 경험했으니까.

한 뼘 더 성장한 만큼 그 성장의 결과물을 타인과 함께할 수

있어서 너무 뿌듯했다.

<허생전>은 조선 후기 실학자 연암 박지원의 《열하일기》에 실린 한문 단편소설로, 허생이라는 인물을 통해 조선 사회의 모순을 풍자하고 인간의 삶에 대해 깊이 생각하게 만드는 작품입니다.

◇ **지문** ────────────────────

허생은 서울 종로 거리에서 책만 읽으며 사는 선비였다. 아내는 집안 살림이 궁색해지자 불만을 터뜨렸다. "선비라면 가끔 글도 팔고, 벼슬도 구해보셔야지요. 대체 언제까지 글만 읽으시렵니까?" 하지만 허생은 조용히 책장을 넘기며 대답하지 않았다.

그러던 어느 날, 허생은 열흘 동안 문을 걸어 잠그고 세상과 단절한 채 책만 읽었다. 열흘째 되는 날, 그는 조용히 문을 열고 나왔다. 말쑥한 선비 차림은 사라지고, 초라한 거적을 두른 모습이었다. 그의 종은 깜짝 놀라 뒤쫓으며 물었다.

"어디 가시는 겁니까, 나리?"

허생은 잠시 하늘을 바라보다가 조용히 말했다.

"나 이제 장사를 한번 해보려 하네."

종은 더 놀랐다. "나리께서 장사를요? 그건 상인들이나 하는 일이지 않습니까?"

허생은 웃으며 대답했다. "세상이 어떻게 돌아가는지 직접 보려면, 그들 속으로 들어가야지."

◇ 문해력 문제

Q1. 허생이 열흘 동안 한 행동과 그의 말에서 알 수 있는 성격을 통해 아래 문장을 완성하세요.

허생은 열흘 동안 (   ) 세상과 단절했으나, 결국 그가
(   ) 인물임을 보여준다.

→ 힌트: 그는 세상일보다 학문에 집중하는 인물이었으며, 장사에는 관심이 없을 것 같았지만 뜻밖의 선택을 합니다.

◇ 어휘력 문제

Q2. 위 지문에서 '거적'의 원래 뜻을 바르게 고른 것은?

① 짚이나 삼 따위로 엮어 만든 돗자리

② 나무껍질을 벗겨 만든 외투

③ 벼루와 붓을 넣는 가방

④ 짐을 싣는 커다란 자루

Q3. 위 지문에서 '거적'이 상징하는 의미로 적절한 것은 무엇인가?

① 부유한 상인의 위장된 모습

② 학문을 포기한 사람의 절망

③ 기존 사회 질서에서 벗어난 도전의 상징

④ 농부로 살아가려는 결심의 표현

문해력 해설:

허생은 '책을 읽으며 세상과 단절'한 삶을 살던 인물입니다. 그런 허생이 '장사'를 하겠다고 말한 것은 당시로서는 이례적인 일입니다. 이 문장을 통해 독자는 허생이 단순한 책벌레가 아닌, 실천적 사고를 갖춘 인물임을 유추할 수 있습니다.

어휘력 해설:

- '거적'은 주로 짚으로 엮어 만든 얇은 자리로, 농촌이나 시장에서 물건 덮개로 많이 쓰였습니다. 여기서는 옷이 아닌, 매우 초라한 차림을 의미하는 상징적 장치로 쓰인 것이죠. 정답은 1번입니다.

- '거적'은 본래 짚으로 엮은 덮개이지만, 여기서는 허생이 기존 양반 선비의 단정한 모습(말쑥한 옷차림)을 버리고, 조선 시대의 신분제·직업 관념에서 벗어나 세상을 실험하려는 전환점을 상징합니다. 즉, 이 장면에서의 '거적'은 스스로를 낮추어 현실에 직접 뛰어들겠다는 의지이자, 사회 통념을 깨는 도전의 상징입니다. 따라서 다양한 해석 가능성 중에서도, 본문의 맥락을 고려할 때 가장 핵심적인 의미는 3번 하나로 좁혀집니다.

1. 책만 읽으며/실천적 사고력을 지닌 2. ① 3. ③

"잘 모르겠어요" 대신
"이렇게 이해했는데 맞을까요?"

—

문해력을 높이는 질문법

승훈은 일을 할수록 질문이 점점 어려워진다고 느꼈다. 단지 궁금한 걸 묻는 게 아니라 상대가 바라는 대로, 기분 나쁘지 않게, 무엇보다 내가 바보처럼 보이지 않게 질문하는 게 늘 고민이었다. 입사 초반, 그는 "잘 모르겠습니다"라는 말을 습관처럼 내뱉곤 했다. 그럴 때면 상대는 친절하게 설명해 주기보단 '기본도 모르네'라는 표정을 지었다. 하지만 어느 날, 고 대리가 툭 던진 한마디가 승훈의 머릿속을 근본부터 바꿔놓았다. "모른다고 말하기 전에, 어떻게 이해했는지를 먼저 말해봐요. 질문이 아니라 대화가 되니까요.” 그 조언은 승훈의 질문 습관을 조금씩 바꿨고, 그 변화는 작은 회의 하나에서 또렷하게 드러났다.

금요일 오전, 팀 전체가 모인 작은 브레인스토밍 회의. 또 다른 마케팅팀의 승재 사원이 맡고 있는 신제품 런칭 프로젝트에 승훈의 팀이 일부 협업하게 되면서 전사 커뮤니케이션 전략을 재정비해야 하는 상황이었다.

"이번 캠페인은 '처음 만나는 브랜드'라는 인식을 줄 수 있어야 합니다.”

승재 사원의 말에 회의실 분위기는 한껏 집중되었다.

"기존 고객 여정 맵도 손을 좀 봐야겠고요. 특히 고객이 브랜드를 처음 인식하는 접점, 그 포인트가 핵심입니다.”

승훈은 모니터에 띄워진 슬라이드를 보며 열심히 필기했다. 하지만 어느 순간, 머릿속이 뿌옇게 흐려졌다.

‘고객 여정 맵을 바꾼다고? 어떤 걸 기준으로?’
‘처음 접점이 검색광고인지, 브랜드 영상인지, 그걸 어떻게 판단하지?’

사실을 말하자면, 승훈은 아직 ‘고객 여정’ 자체에 대해 충분히 이해하지 못하고 있었다. 그는 한참을 고민하다, 예전의 자신처럼 “잘 모르겠어요”라고 말할 뻔했다. 하지만 곧 고 대리의 말이 떠올랐다.

“모른다고 하기 전에, 이해한 걸 먼저 정리해 봐요.”

승훈은 깊게 숨을 들이켰다.

"질문 드려도 될까요?"

모두의 시선이 승훈을 향했다. 그는 잠시 시선을 아래로 떨구었다가 다시 입을 열었다.

"제가 이해한 게 맞는지 확인하고 싶어서요. 지금 말씀하신 '고객 여정 맵을 새로 구성한다'는 건, 기존의 구매 유도 중심 흐름이 아니라 고객이 우리 브랜드를 처음 인식하는 단계부터 정리하겠다는 뜻이신 거죠? 그리고 그 출발점을 검색광고나 SNS 콘텐츠 중심으로 이동시키자는 흐름으로 이해했는데 혹시 제가 놓친 부분이 있을까요?"

회의실이 정적에 잠겼다. 승재 사원은 약간 놀란 표정을 지었다가 미소를 지으며 고개를 끄덕였다.

"정확합니다. 지금까지 회의를 진행하면서 이 포인트

를 이렇게 정확하게 정리해 주신 분은 처음이에요. 감사합니다."

그 말에 옆에 앉은 고 대리도 고개를 살짝 끄덕였다. 조 과장은 승훈을 바라보며 짧게 말했다.

"질문이 좋은데요? 이해력이란 게 결국 정리력이기 도 하니까요."

승훈은 안도의 한숨을 내쉬었다. 긴장하면서도 '잘 모르 겠어요'보다 훨씬 나았다는 걸 직감했다. 회의가 끝난 후, 복 도 끝 커피 머신 앞에서 고 대리를 만났다.

"방금 질문, 딱 좋았어요. 확신이 없어도 괜찮아요. 그렇게 말하는 게 상대에게도 훨씬 전달이 잘 되거든 요."

승훈은 진심으로 고마웠다.

"예전엔 질문하면 괜히 멍청해 보일까 봐 겁났어요."

고 대리는 커피잔을 들며 말했다.

"그건 누구나 그래요. 하지만 질문을 '이해한 내용을 정리하는 방식'으로 하면, 그건 단순한 질문이 아니라 '대화의 출발점'이 되는 거예요. 말의 무게가 달라지니까요."

오후 늦게, 승훈은 회의록을 정리하다가 다시 승재 사원에게 메신저를 보냈다.

'안녕하세요. 아까 여정 맵 중간 단계에 '리타겟팅 광고'가 포함된다고 하셨는데요, 저는 그 부분이 고객이 관심을 갖고 난 이후의 접점이라고 이해했는데,

혹시 이게 '초기 인식 단계'로도 해석될 수 있을까요?'

답장은 10분 후 도착했다.

'좋은 질문이에요. 애매했던 지점인데, 다시 정리해
볼 수 있겠네요. 덕분에 저도 명확해졌어요.'

승훈은 화면을 바라보다가 천천히 고개를 끄덕였다. 질
문은 모른다는 고백이 아니라, 이해하려는 능동적인 태도
라는 걸 오늘 확실히 배웠다. 질문은 단순히 궁금증을 해결
하기 위한 도구가 아니다. 내가 '이해하려고 노력하고 있다'
는 신호이며, 그 신호는 곧 동료와 상사에게 신뢰의 증표가
된다.

"이렇게 이해했는데, 맞을까요?"라는 질문 한마디는 '나는
당신의 말을 귀 기울여 듣고 있고, 그 의미를 정확히 파악하
고 싶습니다'라는 태도다. 그런 태도를 가진 사람은 실무에
서 놓치는 게 적고, 관계에서 신뢰를 얻는다.

승훈의 질문은 완벽하지 않았지만, 정확하게 성장하는 방
향을 가리키고 있었다. 그리고 그런 질문이 쌓일수록, 그의
문해력과 팀 내 존재감은 단단해질 것이다.

《심청전》은 조선 후기 구전되던 판소리계 고전소설로, 심청이라는 효녀가 아버지의 눈을 뜨게 하기 위해 인당수에 몸을 던지고, 그녀의 효심에 감동한 용왕은 심청을 연꽃 속에서 환생시켜 황후로 만듭니다. 이후 아버지와 재회한 심청은 아버지의 눈을 뜨게 하고, 부녀는 다시 행복을 되찾는다는 내용입니다. 이 소설은 효(孝)의 정신과 더불어 희생, 환생, 보상의 구조를 지니고 있어 조선 후기 민중의 삶과 믿음을 엿볼 수 있는 중요한 문학 작품입니다.

◇ **지문**

옛날 한 마을에 앞을 보지 못하는 노인이 살고 있었다. 이름은 심봉사. 그의 곁에는 딸 심청이 있었다. 어린 나이에 어머니를 여읜 심청은 아버지를 극진히 봉양하며 살았다. 심청은 물을 길어 오고, 밥을 지으며, 길도 못 찾는 아버지를 손잡아 이끌었다. 이웃 사람들은 그녀를 '살아 있는 부처'라며 칭송했다.
어느 날 심봉사는 절에서 들은 이야기를 심청에게 전했다. "부처님께 삼백 석의 쌀을 시주하면 눈을 뜰 수 있대." 심청은 아무 말도 하지 않았지만, 깊은 밤 잠들기 전 홀로 중얼거렸다. "아버지 눈을 뜨게 해드릴 수 있다면, 내 목숨쯤이야…."

며칠 뒤, 인당수 앞바다에 제물을 바치면 나라에 복이 온다는 소문이 돌았다. 심청은 몰래 나서 자신을 제물로 팔고, 삼백 석의 쌀을 받아 아버지께 보냈다. 심봉사는 그것이 딸이 몸값을 바쳐 받은 쌀인 줄도 모르고, 그 쌀을 바라보며 처음으로 희망을 품었다.

심청은 꽃가마를 타고 인당수로 향했다. 바닷가에서 수많은 사람들이 눈물을 흘리며 그녀를 배웅했다. "내 아버지, 부디 눈을 뜨소서." 그 말을 남기고 그녀는 바다로 들어갔다. 그 순간, 용왕은 감동하여 그녀를 연꽃 속에 담아 환생시켰고, 마침내 황후의 자리까지 오르게 되었다.

◇ 문해력 문제

Q1. 심청의 행동과 그녀의 말에서 알 수 있는 성격을 통해 아래 문장을 완성하세요.

심청은 아버지를 위해 (　　　　　　　　　　　　　) 행동을 했으며, 이는 그녀가 (　　　　　　　　　　　　　) 지닌 인물임을 보여준다.

→ 힌트: 그녀는 아버지의 눈을 뜨게 하기 위해 스스로를 희생하는 선택
을 했습니다.

Q2. 다음 중 '봉양하다'의 뜻으로 가장 알맞은 것은 무엇인가요?

① 병든 사람을 간호하다

② 어린아이를 키우다

③ 부모나 웃어른을 받들어 모시다

④ 손님을 정성껏 대접하다

**Q3. 아래 문장에서 '제물'이 상징하는 의미로 가장 적절한 것은 무
엇인가요?**

"심청은 인당수에 들어가기 위해 자신을 제물로 바쳤다."

① 국가를 위해 희생된 병사

② 종교 의식을 위한 음식물

③ 신에게 바치는 희생의 대상

④ 거래를 위한 물건

문해력 해설:

심청은 단순히 효녀인 것에서 그치지 않고, 아버지의 눈을 뜨게 하기 위해 자신의 생명을 바치는 지극한 효성과 희생정신을 실천한 인물입니다. 당시 사회에서는 부모를 위해 목숨까지도 내놓는 행동을 가장 고결한 덕목으로 여겼으며, 심청은 이를 전형적으로 보여줍니다. 그녀의 행동은 단순한 가족 사랑이 아니라, 조선 후기 민중 사회가 이상으로 삼은 도덕성과 희생의 극치입니다.

어휘력 해설:

- '봉양하다'는 부모나 웃어른을 정성껏 모시며 돌보는 것을 의미합니다. 특히 유교 문화에서 중요한 덕목인 효와 직결된 개념입니다.

- '제물'은 종교적 맥락에서 신에게 바치는 희생물을 뜻하며, 이 경우 심청은 자신을 직접 '제물'로 삼아 용왕에게 바친 존재입니다. 이 단어는 고전 속에서 자기 희생의 상징으로 자주 등장합니다.

1. 자신을 인당수에 제물로 바치는/지극한 효심과 희생정신을 2. ③ 3. ③

18

단톡방에서도
문장은 내 얼굴

—

불필요한 이모티콘과 "ㅋㅋ" 없이 친근함 유지하기

"ㅋㅋ"는 안전한 마침표처럼 보였다. 어색한 말 끝을 가려주고, 농담처럼 넘어가게 해주니까. 하지만 회사 단톡방은 생각보다 좁고, 생각 이상으로 예민한 공간이다. 처음엔 무미건조하다는 말에 억지로 이모티콘을 붙였고, 나중엔 진심 없이 웃는 사람이 되어버렸다. 승훈은 어느 날, 자신이 보낸 단톡방 메시지 하나 때문에 팀장실로 불려 갔다. 가볍게 쓴 한 문장이 그렇게 무겁게 읽힐 줄은 몰랐던 것이다. 문득 그는 깨달았다. 단톡방에서도, 문장은 곧 '내 얼굴'이라는 걸.

월요일 오전 10시 32분. 승재 사원이 팀 단톡방에 올린 메시지가 알림음과 함께 떴다.

[승재 사원] 오늘 회의 전에 고객 여정 맵 2안도 함께 검토해 주세요. 간단한 피드백만 미리 남겨주시면 감사하겠습니다!

승훈은 방금 전 기획서 마감 때문에 눈이 침침했지만, 단톡방 메시지를 무시할 수는 없었다. 승재 사원의 메시지 아래로 팀원들이 하나둘 댓글을 달기 시작했다.

[고 대리] 네, 확인했습니다. 간략하게 정리해 볼게요!
[조 과장] 2안 중심으로 의견 모아볼게요.
[승훈 사원] 넵ㅋㅋ 알겠습니다~ㅎㅎ

승훈은 별다른 생각 없이 답장을 달았다. 회의 전이라 분위기를 좀 부드럽게 하고 싶었고, 실은 딱히 구체적으로 쓸 말이 떠오르지 않기도 했다. '다들 다 봤다는데, 굳이 내 의견도 쓸 필요 있나…' 싶은 마음도 있었다. 그냥 적당히 웃으며 넘어가는 답장이었다. 하지만 그날 오후, 조 과장이 조용히 승훈을 불렀다.

"오전 단톡방에서 승훈 씨가 단 거 말인데…."

승훈은 가슴이 철렁 내려앉았다.

"혹시 제가 무례하게 썼나요?"

조 과장은 고개를 저었다.

"그건 아닌데, 말투가 너무 가볍지 않던가요. 친구들 단톡방이 아니니까. 승재 씨가 오전에 기획안 피드백 제대로 안 온다고 좀 서운해하더군요. 웃는 말투도 좋지만, 가볍게 웃고 넘어가기보단 '지금은 확인만 했고, 곧 피드백 드릴게요' 정도는 남겼으면 좋았겠지요."

승훈은 그제야 단톡방에서의 자신이 '의견을 회피한 사람'처럼 비쳤을 수도 있다는 것을 실감했다. 실제로 피드백은 머릿속에 어렴풋이 떠오르고 있었지만, 괜히 "ㅋㅋ"로 무마한 자신이 부끄러웠다.

그날 저녁, 승훈은 퇴근길 버스 안에서 팀 단톡방을 다시 열어봤다. 다른 팀원들의 메시지를 천천히 읽으며, 그들의 말투가 단순히 '예의 바른 말'이 아니라, 책임 있는 태도를 보여주는 문장이었다는 걸 깨달았다.

[고 대리] 승재 님, 저는 A/B 구간의 전환이 매끄럽지 않은 것 같은데요. 내일 아침에 관련 자료 정리해서 다시 공유드릴게요.

[조 과장] 2안이 전달력은 더 명확한데, 브랜드 방향

성과는 조금 거리가 있어 보입니다. 내일 회의 때 구두로도 말씀드릴게요.

다들 명확하게 자신의 이해를 표현하고, 무엇을 할 것인지 짧게나마 알리고 있었다. 그에 비해 승훈은… "ㅋㅋ 알겠습니다~ㅎㅎ"였다. 말은 친근했지만, 행동의 책임은 비워져 있었다.

다음 날 아침, 승훈은 팀 단톡방에 다시 메시지를 남겼다. 이번에는 이모티콘도 없이, 아주 간단하게.

[승훈 사원] 어제 요청해 주신 고객 여정 맵 2안 확인했습니다. A/B 전환 지점 관련해서 제안 하나 드리고 싶은데, 오전 중에 간단히 정리해서 올리겠습니다.

답장은 바로 돌아왔다.

[승재 사원] 감사합니다, 승훈 님! 기대할게요!

이 짧은 메시지 하나가 전날과는 전혀 다른 반응을 이끌어냈다. 그리고 그때 승훈은 비로소 실감했다. 단톡방에서도 문장은 인격이고, 말투는 책임이라는 걸.

그 주 금요일, 고 대리와 점심을 먹으며 승훈은 속내를 털어놓았다.

"이모티콘 없으면 다들 차갑게 보지 않을까 걱정했어요. 그런데 막상 써보니… 단정한 말이 더 신뢰를 주는 것 같더라고요."

고 대리는 고개를 끄덕였다.

"이모티콘은 양념이지, 주재료는 아니니까요. 실무 메시지에서는 '무엇을 할지'가 먼저 보이고, 그 위에 말투나 친근함이 따라붙는 거예요."

승훈은 고개를 숙이며 웃었다.

"이제야 알겠어요. 'ㅋㅋ'로 친해지기보다, 할 말은 똑 부러지게 하는 게 더 멋있는 거구나."

다음 주부터 승훈은 팀원들과의 대화에서 조금 다른 사람이 되어 있었다. 여전히 따뜻한 말투를 유지했지만, 쓸데없는 이모티콘은 줄였고, "ㅋㅋ"는 농담이 확실한 순간에만 조심스레 붙였다. 그리고 말끝마다 붙던 물음표도, 이제는 자신 있는 마침표로 바뀌어 갔다.

단톡방은 사소해 보이지만, 그 안에서 오가는 문장들은 결코 가볍지 않다. 쓸데없는 "ㅋㅋ"와 이모티콘은 순간을 덮을 수는 있어도, 결국 말의 무게와 태도는 고스란히 드러난다. 친근함이 꼭 가벼움일 필요는 없다. 가볍지 않은 말로도 충분히 따뜻해질 수 있고, '할 말은 한다'는 인상은 오히려 더 신뢰를 만든다.

승훈이 문장 하나로 신뢰를 되찾았듯, 우리도 단톡방이라는 작은 공간에서 작은 문장 하나로 '업무 센스 있는 사람'으로 기억될 수 있다.

《춘향전》은 조선시대 판소리계 고전소설로, 양반집 자제 이몽룡과 기생의 딸 성춘향이 신분을 넘어 사랑을 나누고, 그 사랑을 지키기 위해 고난을 이겨내는 이야기를 담고 있습니다. 이 작품은 사랑·지조·정의라는 가치를 중심으로 신분제 사회의 모순도 함께 풍자합니다.

◇ **지문**

남원 고을에는 기생 월매의 딸 춘향이 있었다. 비록 기생의 자식이지만 그녀는 총명하고 아름다웠으며, 예절도 바르고 글도 익힌 인물이었다. 어느 날, 남원으로 내려온 사또의 아들 이몽룡은 그네 타는 춘향을 보고 한눈에 반한다.

두 사람은 서로의 마음을 확인하고 몰래 혼인을 맺는다. 그러나 이몽룡은 이내 과거시험을 보기 위해 한양으로 떠나고, 춘향은 홀로 기다리는 처지가 된다. 그 무렵 새로 부임한 변학도는 춘향의 미모에 탐심을 품고, 그녀를 수청 들라며 위협한다.

하지만 춘향은 "몸은 비천하나 마음은 양반의 며느리입니다."라며 거절하고, 결국 옥에 갇히는 고초를 겪는다. 마침내 암행어사로 변장해 내려온 이몽룡이 변학도의 횡포를 밝혀내고 춘향을 구해낸다. 두 사람은 다시 만나 기쁨을 나누고, 백성들의 축복 속에 사랑을 지킨다.

◇ 문해력 문제

Q1. 춘향의 행동과 말에서 알 수 있는 성격을 통해 아래 문장을 완성하세요.

춘향은 신분의 차이와 위협에도 불구하고 (   ) 행동을 했으며, 이는 그녀가 (   ) 성격을 지닌 인물임을 보여준다.

Q2. 다음 중 '수청을 들다'의 의미로 가장 알맞은 것은 무엇인가?

① 강요에 의해 어쩔 수 없이 술을 따르며 시중들다

② 관아에 억울함을 호소하다

③ 죄인의 신분으로 벌을 받다

④ 부모를 정성껏 모시다

Q3. 아래 문장에서 '암행어사'가 상징하는 의미로 가장 적절한 것은?

"이몽룡은 변장을 하고 암행어사로 내려와 변학도를 처벌했다."

① 왕의 비밀첩자

② 지방의 높은 벼슬아치

③ 정의로운 권력의 상징

④ 고을을 다스리는 정식 수령

문해력 해설:

춘향은 단순히 아름다운 여성 주인공이 아닙니다. 그녀는 비록 기생의 딸로 태어났지만, 스스로의 인격과 약속을 지키려는 의지를 지닌 인물입니다. 변학도의 위협에도 굴복하지 않고 사랑과 정절을 지키는 모습에서, 독자는 지조·신념·용기를 읽어낼 수 있습니다.

어휘력 해설:

- '수청을 들다'는 기생이 양반이나 권세 있는 인물의 요구에 응해 술을 따르거나 시중드는 것을 의미합니다. 춘향이 이를 거부한 것은 당시 사회 질서에 맞서 자신의 정절을 지킨 행동으로, 중요한 상징성을 지닙니다.

- '암행어사'는 실제 조선 시대에 왕이 파견한 비밀 감찰관이었으며, 작품 속에서는 정의를 실현하는 인물의 상징으로 쓰입니다.

1. 자신의 사랑과 정절을 지키는/지조 있고 용기 있는 2. ① 3. ③

19

말과 글에서
신뢰가 떨어지는 이유

—

직장 내 적절한 커뮤니케이션 스타일

말에는 분위기가 있고, 글에는 무게가 있다. 하지만 둘 다 한 순간의 센스로 신뢰를 만들 수도, 무너뜨릴 수도 있다. 특히 직장에서는 말 한마디, 글 한 줄이 그 사람의 성격과 태도를 대표한다. 말은 뾰족하지 않아야 하고, 글은 느슨하지 않아야 한다. 그런데 그 기준은 어디서 오는 걸까? 허 부장의 한 사건을 통해 승훈은 말과 글의 진짜 무게를 깨닫게 된다. 이번 에피소드는 승훈이 배운 것 이상으로, 그가 팀을 지켜낸 순간이기도 했다. 팀과 상사를 위해 나선 그의 조용한 기지가 모두에게 깊은 인상을 남겼던 것이다. 결국 신뢰는 말센스와 글센스에서 출발한다는 걸, 승훈은 가장 실감 나는 방식으로 증명해 냈다.

<hr>

"이거, 누가 작성했나요?"

회의실 문을 닫자마자, 허 부장의 목소리가 높아졌다. 그가 들고 있던 보고서는 외부 협력사에 전달할 마케팅 전략 문건 초안이었다. 문장은 길고, 단어 선택은 애매했고, 무엇보다도 내용이 '전문적이지' 않았다.

"'고객의 마음을 사로잡는 무언가가 필요합니다'… 이건 도대체 무슨 말인가요?"

회의실에 잠깐 정적이 흘렀다. 그 문건은 허 부장이 초안을 써 달라고 요청한 외부팀에서 온 것이었지만, 결론적으로 마케팅팀의 책임으로 전해질 사안이었다. 그리고 그날, 그 문건은 대외적으로 나가기 직전까지 갔다가, 허 부장의 꼼꼼한 검토 덕분에 막을 수 있었다.

고 대리가 조심스레 말했다.

"이건 외부에서 온 자료인데, 저희 쪽에서 좀 더 정리해서 보완하겠습니다."

하지만 허 부장은 단호했다.

"우리 팀의 이름을 걸고 나가는 문서예요. 말과 글이 이 수준이면, 우리가 무능해 보이는 겁니다. 단어 하나, 문장 한 줄이 조직 전체의 신뢰도를 만들 수도, 깎아 먹을 수도 있어요."

그 말에 회의실의 공기가 더욱 무거워졌다. 승훈은 조용히 손을 들었다.

"부장님, 제가 이 문서를 새로 정리해 보겠습니다."

허 부장은 놀란 눈치였지만, 곧 고개를 끄덕였다.

"시간은 많지 않아요. 오늘 오후 3시까지 부탁합니다."

승훈은 자리로 돌아와 원본 파일을 열었다. 파일을 보는 순간 이건 단순한 문서 수정이 아니라 회사의 얼굴을 다시 쓰는 작업이라는 걸 직감했다. 먼저 전체 흐름을 분석하기 위해 출력을 하고, 종이 위에서 한 문장 한 문장 붉은 펜으로 체크했다. 문장마다 숨은 의도를 파악하려 했고, 애매한 단어는 굵게 줄을 그었다. '고객의 마음', '무언가', '사로잡는다' 같은 추상적인 표현은 현실적인 마케팅 전략 문서에서는 사용할 수 없는 언어였다.

그는 이를 보다 구체적인 데이터 기반 언어로 바꾸었다. '무언가' 대신 '고객 행동 기반 분석을 통한 인사이트 도출', '사로잡는다'는 표현은 '주요 고객군에 맞춘 세그먼트별 맞춤 전략 수립'으로 변경했다. 문장을 바꿔 가는 동안 그는 지난 몇 달간 배운 것들이 머릿속에서 하나씩 떠올랐다. 보고서를 어떻게 구성해야 신뢰를 얻는지, 어떤 단어가 윗사람들의 시선을 끄는지를 이제 온몸으로 익히고 있었다.

그리고 승훈은 허 부장이 즐겨 쓰는 표현을 자연스럽게 문장 곳곳에 녹여냈다. '시장 반응', '경험 설계', '선제적 대응' 같은 단어들이었다. 이는 단지 글을 다듬는 일이 아니라 허 부장의 관점을 담는 작업이기도 했다.

오후 2시 40분, 승훈은 수정 보고서를 출력해 허 부장의 책상 위에 올려놓았다. 그리고 메신저를 통해 말했다.

'부장님, 문서 재작성 완료했습니다. 수정 의도와 변경 사항은 하단 코멘트로 함께 정리했습니다.'

3시가 조금 지나 허 부장이 회의실에서 돌아왔다. 손에는 승훈이 만든 문서를 든 채였고, 얼굴에는 평소와 다른 묵직한 표정이 깃들어 있었다. 그의 책상 옆에 다가온 그는 잠시 말없이 서 있다가, 조용히 말했다.

"봤어요. 문장 하나하나가 아주 안정됐더군요. 그 표현들… 내가 자주 쓰는 말들인데…."

승훈은 살짝 웃었다.

"네. 부장님의 발표 자료들을 참고했습니다."

허 부장은 잠시 승훈을 바라보다가 진지하게 말했다.

"이건 그냥 글쓰기 실력이 아니야. 상대의 말을 읽을 줄 아는 사람의 정성인 거죠. 오늘 이 보고서, 승훈 씨가 우리 팀을 살리는 거군요."

그 말에 승훈은 비로소 고개를 숙이며 대답했다.

"말과 글이 결국, 사람을 말해주는 거잖아요."

그날 저녁, 허 부장은 팀 단체 메신저에 이런 글을 남겼다. '금일 보고서 수정본, 아주 만족스럽습니다. 특히 승훈 씨의 대응에 박수를 보냅니다. 말과 글에서 신뢰를 얻는다는 것이 무엇인지 몸소 보여준 사례였습니다.'

팀원들이 '승훈 씨 멋졌어요', '역시 요즘 감각이 있어요'라며 반응했고, 승훈은 조용히 웃으며 모니터를 바라보았다. 이제 그는 안다. 말을 예쁘게 하는 것보다 중요한 건, 말을 '신중하게' 하는 것이고, 글을 유려하게 쓰는 것보다 중요한 건, 글에 '생각을 담는' 것이다. 그리고 그 모든 건, 상대를 '존중하는 태도'에서 출발한다는 걸.

다음 날 아침, 허 부장은 승훈에게 말했다.

"이번 주 금요일, 고객사 발표. 자네가 나와 같이 갑시다."

그 말에 승훈은 조용히 고개를 끄덕였다. 이제 그는 팀의 '말과 글'의 얼굴이 되어가고 있었다.

프랑스 작가 생텍쥐페리의 《어린 왕자》는 어린 왕자가 여러 별을 여행하며 어른들의 세계를 관찰하고, 진정한 사랑과 우정, 삶의 의미를 깨달아가는 이야기입니다. 철학적 메시지를 담은 동화로, 상징과 은유, 비판적 사고력을 기르기에 탁월한 고전입니다.

◇ **지문** ────────────────────────────

어느 날, 비행사인 '나'는 사하라 사막에 불시착한다. 물도 음식도 거의 없는 절망적인 상황에서, 뜻밖에도 금빛 머리카락의 한 소년을 만난다.

"양 한 마리만 그려줘요."

소년은 이름도 말하지 않고, 갑자기 종이를 내민다. 비행사는 당황하며 몇 장의 그림을 그려 보이지만 소년은 계속 고개를 젓는다. 결국 상자 그림 하나를 그려주자, 그제야 환하게 웃는다.

"딱 이거예요. 안에 양이 잘 자고 있겠죠?"

소년은 자신이 다른 별에서 왔다고 말하며, 꽃 한 송이와 말다툼을 하고 지구로 떠났다고 고백한다. 비행사는 그 말을 이해할 수 없었지만, 시간이 지나며 소년의 순수한 시선과 깊은 마음을 조금씩 알게 된다.

Q1. 어린 왕자의 대사와 행동을 통해 드러나는 성격을 아래 문장을 완성하며 설명해 보세요.

어린 왕자는 (   ) 중요하게 여겼으며,

이는 그가 (   ) 성격을 지닌 인물임을 보여준다.

Q2. 다음 중 어린 왕자가 '상자 속 양' 그림에 만족한 이유로 가장 적절한 것은?

① 상자가 실물을 잘 묘사해서

② 눈에 보이는 것을 믿지 않기 때문에

③ 상자 안이 비어 있어 상상할 수 있어서

④ 실제로 양을 본 적이 있어서

Q3. '본질은 눈에 보이지 않는다'라는 말의 의미로 가장 적절한 것은?

① 중요한 것은 사실보다 거짓이다

② 사람은 시각적인 정보에 의존한다

③ 마음으로 느끼는 것이 진짜라는 뜻이다

④ 보이는 것이 전부라는 뜻이다

문해력 해설:

어린 왕자는 사물의 겉모습보다 그 안에 담긴 '마음'과 '사랑'을 중시합니다. 그는 상자 그림 속 양이 보이지 않아도 상상하고 믿으며 만족합니다. 이는 그가 보이지 않는 본질을 보는 순수한 시선을 가진 존재임을 나타냅니다.

어휘력 해설:

- '상자 속 양'은 상상력과 순수한 믿음을 상징합니다.

- "본질은 눈에 보이지 않는다"는 말은 중요한 가치는 눈에 보이는 외형이 아니라 그 안의 마음과 의미에 있다는 메시지를 전달합니다.

1. 눈에 보이지 않는 마음과 본질을/순수하고 깊이 있는   2. ③   3. ③

20

마지막 인사가
인상을 결정한다

—

"고생하셨습니다"와 "수고하셨습니다"의 차이

프로젝트는 결과로 평가받지만, 사람은 태도로 기억된다. 특히 마지막 인사 한마디는 함께 일한 이들에게 '그 사람'을 정의 내리는 결정타가 되기도 한다. "고생하셨습니다."와 "수고하셨습니다." 그 미묘한 차이는 생각보다 깊다. 승훈은 입사 첫날부터 무수한 시행착오를 겪었지만 마지막 인사에서만큼은 단단히 다짐했다. 이번만큼은 회사가 그를 기억할 수밖에 없도록 만들겠다고.

‘마케팅 전략 통합 발표’ 프로젝트는 회사에서도 중요한 사안이었다. 여러 부서와 협업해야 했고, 핵심 임원들의 평가도 동반되는 일이었다. 승훈은 기획안 초안 작성부터 시안 수정, 실적 보고서, 최종 프레젠테이션까지 전 단계에 참여하며 팀의 일원이 아닌 ‘핵심 실무자’로 뛰었다.

발표 당일, 그는 새벽 일찍 출근했다. 사무실 불이 꺼진 채 적막한 와중에도 노트북을 켜고 발표 자료를 마지막으로 점검했다. 더없이 피곤했지만 마음은 평온했다. 처음 입사했을 때처럼 덜덜 떨리지도 않았다.

고 대리와 함께 리허설을 마치고, 조 과장과는 발표 순서와 예상 질문에 대해 짧은 피드백을 주고받았다. 허 부장은 마지막 슬라이드의 메시지를 다듬으며 말했다.

“여기, ‘한 걸음 앞선 고객 경험’이라는 문장이 좋아요. 다만 마지막 인사 멘트는 승훈 씨의 말로 정리해요. 그게 자네를 더 드러낼 수 있으니까.”

승훈은 고개를 끄덕였다.

"네. 저라면, '수고 많으셨습니다'로 마무리하겠습니다. 모두가 함께 만든 결과니까요."

발표는 긴장감 속에서 성공적으로 마무리되었다. 중간중간 짧은 유머도 더해졌고, 임원들의 반응도 긍정적이었다. Q&A까지 마치고 마지막 슬라이드를 넘기며 승훈은 또렷한 목소리로 말했다.

"이 프로젝트를 함께해주신 모든 분께 진심으로 감사드립니다. 수고 많으셨습니다."

단순한 인사였지만, 그 안엔 진심과 존중, 책임 의식이 함께 담겨 있었다. 발표장을 빠져나오는 순간, 누군가의 손이 그의 어깨를 가볍게 쳤다. 허 부장이었다.

"좋았어요. 아주 잘했어요. 시작부터 끝까지 흔들리지 않았고요. 발표도 좋았고, 마지막 인사도 아주 깔끔했어."

조 과장은 뒤따라 나오며 웃었다.

"이제 진짜 우리 팀의 중심으로 들어섰네, 승훈 씨."

고 대리는 커피를 건네며 말했다.

"승훈 씨, 오늘 완전히 달라졌더라고요. 톤도, 태도도, 말하는 방식도. 진짜 고생 많았어요."

승훈은 웃으며 말했다.

"수고… 많으셨습니다."

그날 저녁, 팀은 조출한 회식을 열었다. 처음엔 어색해하던 승훈도 이제는 농담을 던지고, 선배들의 이야기에 편하게 웃으며 고개를 끄덕일 수 있었다. 누군가가 말했다.

"처음 입사했을 땐 말을 더듬더니, 이제는 승훈 씨 말이 우리가 가장 기다리는 말이라니까."

그는 그 말에 조용히 미소 지었다. 입사 후 수많은 실수와 고민, 혼란과 배움이 겹쳐 떠올랐다. 그리고 자신이 지금 여기에 있다는 사실이, 그 모든 여정의 증거였다.

밤이 깊어지자, 회식 자리는 하나둘 정리되기 시작했다. 승훈은 조용히 자리에서 일어나 마지막으로 모두에게 말했다.

"오늘 정말 감사했습니다. 덕분에 여기까지 올 수 있었어요."

그리고 다시 한번, 또렷하게 인사했다.

"수고 많으셨습니다."

그날 밤 승훈은 회사 옥상에 홀로 올라섰다. 도시의 불빛이 반짝이는 가운데, 그는 가만히 하늘을 올려다봤다. 자신의 성장이 말 한마디, 문장 하나에서 시작되었고, 결국 또 하나의 말로 끝을 맺었다는 사실이 문득 실감 났다.

"단어 하나로 나는 달라졌구나."

그는 웃으며 중얼거렸다.

그리고 다음 날, 승훈은 또다시 새로운 프로젝트를 위해 모두가 모인 회의실 문을 열고 들어갔다. 이제 더 이상 신입 사원이 아니었다. 그는 말로, 태도로, 책임으로 증명된 사람이었다. 누군가의 이름을 떠올릴 때 가장 먼저 연상되는, '좋은 인상과 실력을 갖춘 사람'이 되어 있었다.

프란츠 카프카의 《변신》은 어느 날 갑자기 벌레로 변한 남자 그레고르 잠자가 가족과 사회로부터 점차 소외되는 과정을 그린 소설입니다. 이 작품은 정체성, 인간성, 가족, 노동에 대한 깊은 질문을 던지며, 현대 문학의 대표적 상징 소설로 꼽힙니다.

◇ 지문

영업사원 그레고르 잠자는 어느 날 아침, 눈을 떠보니 자신이 거대한 벌레로 변해 있었다. 다리는 딱딱하고, 배는 벌레의 등처럼 둥글게 부풀어 있었다. 출근 시간이 다가오자 그는 몸을 일으켜보려 하지만, 벌레의 몸은 그의 말을 듣지 않았다.

그의 변화에 놀란 가족들은 처음에는 문을 두드리며 안타까워하다가, 점차 그를 방 안에 가두고 외면한다. 아버지는 그레고르를 향해 지팡이를 휘두르며 내쫓고, 어머니는 놀라 기절하며, 여동생 그레타마저 점점 그의 방 청소를 멈추고 거리를 두게 된다.

시간이 지나자 가족들은 그레고르가 없는 삶에 익숙해지고, 마침내 그는 조용히 굶어 죽는다. 그가 사라진 다음 날, 가족들은 오랜만에 나들이를 하며 환하게 웃는다.

Q1. 그레고르의 상황과 가족의 반응을 바탕으로 아래 문장을 완성하세요.

그레고르는 벌레로 변하며 (   ) 존재가 되었고, 이는 인간이 (   ) 쉽게 소외될 수 있음을 보여준다.

Q2. '변신'의 상징적 의미로 가장 적절한 것은?

① 실제로 벌레가 된 기적

② 꿈을 꾸는 상태

③ 사회에서 무력화된 인간의 은유

④ 과학 실험의 실패

Q3. 다음 중 그레고르가 벌레로 변한 뒤 겪은 가족의 태도 변화로 적절한 것은?

① 무조건적인 사랑에서 더 깊은 헌신으로 변화

② 동정심에서 공포와 외면으로 변화

③ 관심 없음에서 놀라움으로 변화

④ 미움에서 용서로 변화

문해력 해설:

그레고르가 벌레로 변한 것은 문자 그대로가 아니라, 사회와 가족 안에서 인간이 자신의 역할을 잃었을 때 어떤 존재가 되는지를 극단적으로 보여주는 장치입니다. 가족은 그를 도우려 하지 않고, 무능한 존재로 여기며 밀어냅니다.

어휘 해설:

- '변신'은 단순한 형상 변화가 아닌, 자아 상실과 사회적 기능의 붕괴를 의미하는 은유입니다.
- 가족의 태도 변화는 사랑 → 혐오 → 외면이라는 일련의 과정으로, 인간이 어떤 조건 속에서 쉽게 도구화되는 현실을 보여줍니다.

1. 쓸모를 잃은/노동 능력을 잃었을 때   2. ③ 3. ②

AI 시대의 필수 문해력 수업

1판 1쇄 인쇄 2025년 9월 10일
1판 1쇄 발행 2025년 9월 18일

지은이 조기준
발행인 조은희
발행처 아토북

등 록 2015년 7월 31일(제2015-000158호)
주 소 (10261) 경기도 고양시 일산동구 성현로659번길 143
전 화 070-7537-6433
팩 스 0504-190-4837
이메일 attobook@naver.com

ISBN 979-11-90194-23-5 (03190)

* 값은 뒤표지에 있습니다.
* 잘못 만들어진 책은 구입하신 서점에서 바꾸어 드립니다.